成为学霸

BECOMING A TOP STUDENT

记忆方法

何沛之◎编著

应急管理出版社

·北 京·

图书在版编目（CIP）数据

记忆方法／何沛之编著． －－北京：应急管理出版
社，2023

（成为学霸）

ISBN 978－7－5020－9871－1

Ⅰ．①记… Ⅱ．①何… Ⅲ．①中学生—记忆术 Ⅳ.
①G632.46

中国版本图书馆 CIP 数据核字（2022）第 242160 号

记忆方法（成为学霸）

编　　著	何沛之	
责任编辑	高红勤	
封面设计	牧　野	

出版发行　应急管理出版社（北京市朝阳区芍药居 35 号　100029）
电　　话　010－84657898（总编室）　010－84657880（读者服务部）
网　　址　www.cciph.com.cn
印　　刷　唐山玺鸣印务有限公司
经　　销　全国新华书店

开　　本　710mm×1000mm$^1/_{16}$　印张　42　字数　554 千字
版　　次　2023 年 7 月第 1 版　2023 年 7 月第 1 次印刷
社内编号　20221629　　　　　定价　128.00 元（共四册）

学习方法的重要性不言而喻。每次谈到这个问题时，我都会对同学们说："好成绩，99%都来自好方法。这不是夸张，一个好的学习方法抵得上悬梁刺股。"遗憾的是，还是有很多同学不重视学习方法，或者没能掌握适合自己的学习方法，结果在考场上铩羽而归。

这些同学之所以失利，一个重要的原因就是不善于从成功者身上吸取经验教训。广东省高考文科状元胡创欢说："我的学习秘诀就是：刻苦努力+方法正确+少说废话=成功。我经常阅读高考状元谈学习经验方面的文章，通过汲取他们的成功经验，不断改进、完善自己的学习方法，使之更适合自己。"

我非常赞同胡创欢同学的观点。从迈入中学到迎战高考，每一个同学面对的其实都是一条自己没有走过的路，其中的酸甜苦辣，都需要靠自己去摸索、尝试和探寻。这个时候，如果你能借鉴成功者（比如高考状元）的经验，就一定能少走许多弯路，在学习上事半功倍。

在我看来，学习成绩优异的学生，并不只是因为智商超群，而是因为他们掌握了最佳的学习方法。如果你能从他们分享的学习经验中提炼、总结出适合自己的学习方法，无疑就掌握了一条学习捷径。

此次出版的"成为学霸"丛书，就是为了向同学们进一步呈现高考状元的成功经验和学习智慧。丛书根据中学生学习内容、方式和重心的不同，分为《学习习惯》《记忆方法》《听课技巧》《时间管理》4册，全面、翔实地囊括了中学阶段应该具备的基本学习方法。

本系列丛书的突出特点是：

1. **精选多名高考状元的成功经验**。每册都精选了100多位考入知名大学的高考状元的成功经验和心得体会。

2. **内容全面翔实**。本系列丛书分别从记忆方法、听课技巧、学习习惯、时间管理等4个方面，总结了状元们在学习上的独家秘籍。

3. **方法简短易读**。书中记录的每一种方法和技巧，都非常简短、易读，可以让大家在几分钟内读完，这样既不会过多地占用你的学习时间，又能够在潜移默化中改进你的学习方法。

方法对了，你在学习中面临的问题就能迎刃而解。赶紧翻开这套书，读一读，找到适合你的学习方法吧！

目 录 CONTENTS

第3章 ➡ 课后记忆：复习是最有力的记忆武器

第4章 ➡ 分科记忆:记忆也要"术业有专攻"

第5章 ➡ **自主记忆：让大脑越记越灵活的十种方法**

第1章

抢先记忆：
预习是一种合理"抢跑"

　　我经常向同学们打这么一个比方：在百米赛场上，胜负往往就在一眨眼之间，如果有人可以提前抢跑的话，他一定能占据先机。预习其实就是一种合理的"抢跑"，在课堂学习和老师指导之前，如果大家可以自主地对学习内容进行预习，这样的记忆效率往往是最高的。事实证明，从记忆知识的牢固度来看，良好的预习能帮助大家节省至少50％的课后复习时间。因此，我在教学过程中一再强调课前预习，实际上就是希望培养和提高学生的自主学习和记忆知识的能力，让大家在学习中始终抢先一步。

001
课前预习**五步记忆法**

　　进入高中以后，我的一些学生经常向我诉苦："我每天也预习了，为什么学习进步不大呢？"我告诉他，这是方法问题。随着科目的增多和知识难度、广度的加大，高中的预习不能再是粗略地把课本浏览一遍，而是应该记住一些知识。这样，到了课堂上，你对老师所讲的内容才不会觉得陌生，学起来也会轻松很多。那么，如何在预习中提高记忆力，对知识点有一个初步的认识呢？

状元经验谈丨我们的好方法

> 👤 **张皓辰**　　　　　　　河北省高考文科状元
>
> 　　我个人认为，课前预习的主要任务是：初步理解下一节课要学的基础知识；复习、巩固、补习与新内容相联系的旧概念、旧知识；归纳新知识的重点，找出自己不理解的难点。在实践中，课前预习的方法主要是阅读教材。如果我们对教材的内容能有初步的了解，就能区分老师上课所讲的内容和板书所写的内容，哪些是教材上有的，哪些是老师补充的，进而提高学习效率。

刘峻豪　　　　　　　四川省高考文科状元

　　由于预习时看过课本，所以老师讲课和板书时，哪些内容书上有或者没有，心里一清二楚。凡是书上有的，上课可以不记或少记，也可以留下空白待课后记，着重记书上没有的或自己不太清楚的部分，以及老师反复提醒的关键问题。这样做，能把更多的时间用在思考和理解问题上。有的同学课前不预习，不知道老师板书的内容书上有没有，只好从头抄到尾，顾不上听课，更来不及思考，浪费了许多宝贵的时间。课后翻翻书，原来许多内容书上都有，根本用不着抄。这样盲目、无目的地记笔记，将大大影响听课的效果。

　　以上两位高考状元各有各的记忆方法和预习方法，都是值得大家学习和借鉴的。另外，我还要向同学们推荐一个预习五步记忆法，大家不妨尝试一下。

　　第一步：认真通读教材，边读边思考，找出重点、难点和疑点，可以适当做笔记或批注。

　　第二步：利用工具书、参考书扫除知识障碍。

　　第三步：对不懂的问题进行分析。如果是旧知识被遗忘或存在知识缺陷，要及时弥补。把经过努力分析还不懂的问题记下来，等上课时听老师讲解。

　　第四步：读完教材后合上书本，围绕预习任务思考一下，教材讲了哪些内容，主要的思路是什么，哪些是新知识，与新知识有关的旧知识是什么，还有哪些问题不理解，等等。

　　第五步：时间允许的话，可以试做一些课后练习题来检查一下预习效果。

　　以上介绍的预习五步记忆法是一种宏观性、综合性的课前预习，主要是了解知识的脉络和体系，因此宜粗不宜细。

002
用三读三步法**预习语文**

　　只要是我教过的学生，都会对我曾经说过的一句话记忆深刻。哪句话呢？"会预习，上语文课是一种享受；不会预习，上语文课则是一种痛苦。"我想，大家对此可能深有体会吧。高中语文的难度要比小学和初中时期大得多，比如文言文，如果课前不提前预习，听课时就会非常吃力，要想记住文言文知识点，那就更难了。为了快乐地上语文课，大家是不是该想想怎么做好语文预习呢？

状元经验谈| 我们的好方法

👤 江冰森	福建省高考文科状元

　　我记得有这么一句话："世上没有聪明的人，只有勤奋的人。"要想各科满分，谈何容易！但是只要听老师的话，课前认真预习课本，认真梳理课本上的知识点，遇到不懂之处勾出来，在课堂上认真听老师讲解，做作业时就不会感到吃力。其中，课前预习是第一把斧，必须要拿住拿稳。尤其是文言文考试这一块，坚持课前预习，你的失分率就会越来越低。

🙎 郭宁　　　　　　　　　河北省高考文科状元

　　预习是求知过程的一个良好的开端，是自觉运用所学知识和能力，对一个新的认识对象预先进行了解、求疑和思考的主动求知过程。面对一篇生疏的课文，会产生一种求知的愿望，并在这种内动力的驱动下，主动地去研读课文。在预习的过程中，不可避免地会遇到一些新的知识，就会竭力地运用所具备的知识去了解、分析和吸收。如此一来，融会贯通就成为一种自觉的行为，一则有利于对旧知识的回顾和复习，乃至运用；二则有利于培养自觉思考问题的习惯，提高分析问题、解决问题的能力。

🙎 苏悦　　　　　　　　　陕西省高考文科状元

　　语文课预习的关键是思考，思考文章背后的东西，不要只流于表面，流于浅层次的理解。如果遇到百思不得其解的内容，可上课认真听讲、认真讨论，也可向老师请教，千万不要因为担心问题的质量而羞于提问。

🙎 张毅　　　　　　　　　重庆市高考文科状元

　　对于文科的三门课，课前我会做三件事：熟悉课本内容、厘清课本思路和找出重难点。比如，语文我会先通读课文，这样就对课文有了初步的印象，了解了课文的主要内容。然后合上书，回忆所看过的内容，可以找一张纸列个提纲，只要列出课文的大标题、小标题，就能很好地把握住课文的梗概。最后就是寻找自己理解上有问题的地方，做上记号为听课做准备。

　　"凡事豫（预）则立，不豫（预）则废。"想做好一件事，事先要有充分的准备。在学习中，这种准备就是"预习"。语文预习的首要环节就是阅读课文，只有阅读了，才能对所学的课文有个大体的了解。有一种比较好的预习语文的方法——三读三步法。

1. 三读

（1）初读，把课文读顺。一篇新课文难免有生字生词，这是我们理解课文的重大障碍。所以在阅读过程中，我们第一个要做的就是找出生字生词，然后借助工具书认识并理解它们，为理解课文内容做铺垫。

（2）细读，把课文读通。这一步骤是阅读的核心，也是预习的关键。细读课文又可以分为三个步骤：

①大声朗读课文中的每一个字，直到读顺为止；

②当你达到"顺"的程度时，就不要只顾着一味地大声朗读了，这时你可以一边默读，一边结合你的理解对课文进行概括和总结，甚至记忆；

③理解了全文的大意及主旨以后，再进行大声朗读，配合你对课文的理解，很快，你就会发现你已经能够把课文背诵出来了。

（3）精读，是提问和思考的过程。要在细读课文的基础上，进一步去钻研课文，从多个角度深入思考，然后带着疑问再去阅读课文，从文中找答案，这样反复理解发现的问题，自然也就找到听课的重点了。

2. 三步

首先是准备阶段。这一阶段的预习可以配合前面介绍的"初读"来进行，因为在初读阶段同学们不但能领会教材的大意，而且对那些自己感到生疏的知识点也有印象，这一步同学们要做的，就是把感到生疏的知识点标注出来，仅此而已。

其次是查漏补缺。预习一遍课文过后，同学们基本上已经确立了听课的重点，然而为了防止知识点从我们的眼前"溜走"，这一步也是非常重要的，在已经找出知识点的基础上稍作补充，也是不错的学习机会。

最后一步就是验收了。对所预习的知识进行自我提问是这一阶段最实用的方法，比如，合上课本问自己：刚才看过什么，哪些问题已经明白了，哪些是重点，等等。

语文课预习的关键还是思考，只有你用心去读、去想了，才能有自己的体悟。

003
高效预习记忆的**三个关键点**

预习的确重要，但每天放学后要做功课、复习，留给预习的时间真的没多少，想要在预习时多记忆一些知识，更难。那么，怎样做才能在更少的预习时间里更高效地记忆呢？

状元经验谈I 我们的好方法

> ### 👤 张宗慕雨
> **云南省高考理科状元**
>
> 刚开始上物理、化学课的时候，不少同学，甚至包括一部分学习不错的同学都感觉到不适应。我认为，这主要是因为理化较难，知识点零散且难以消化。因此，我在学物理和化学时坚持必须预习的原则，且必须在课前就记忆一些东西，这样做上课的效果才好。而且预习时仅仅看一遍书是不够的，预习的任务至少包括两个方面：一是标明不懂的地方；二是记住基本的框架。不少同学只完成了头一项任务而忘记了第二项任务，记不住该记的知识点，课堂上的效果当然就不明显了。

谢若嫣　　　　　福建省高考理科状元

　　如何提高预习效率？这是我特别需要强调说明的一个问题，它也是能不能打好课前第一枪的关键。效率指对时间的利用率，学习效率高的人不会让每一分钟闲过。因此，在预习时我们应该这样做：第一，要精神高度集中，这是提高效率的前提条件，要把精力集中在书上、本上、笔上，全身心地投入进去，边看教材边思考；第二，要有良好的学习习惯，这些习惯无所谓什么章法规则，只要是适合自己的，就能够起到好作用。

　　不错，预习最重要的不是花的时间有多长，而是效率有多高。预习不仅要持之以恒，形成习惯，同时还要根据课程安排、学科特点、自身情况，灵活安排预习时间，提高预习效率，才能收到良好的效果。

　　但怎样才能提高预习效率呢？根据我的教学经验，我认为提高预习效率必须要牢牢抓住以下三个关键问题。

1. 灵活安排预习时间

　　预习时间的安排，要在服从整体学习计划的前提下灵活安排。根据每天的空余时间，决定预习的科目及每科的时间。课前预习一般在20分钟左右，时间充裕时预习可以充分点，钻研得深点。闲时可以多搞一点儿阶段预习和学期预习。闲时"向前学"是优秀学生的经验。

2. 预习要持之以恒，逐步提高

　　有的同学经过一段时间的预习，感到学习成绩并没有明显的提高，就想放弃预习，这是不可取的。因为学习成绩与多种因素相关，只有在做好预习的同时，也安排好其他的学习环节，才能取得令人满意的效果。另外，预习的质量也有一个不断提高的过程。因此，预习不能浅尝辄止，持之以恒方能奏效。

3. 预习中要防止两个极端 🖊

　　预习中要防止两个极端：一是预习过粗，流于形式，达不到预习应有的目的；二是预习过细，以至于上课没有什么可听的，甚至打乱了整体计划，影响了其他学科，虽然有收效，但时间利用得不充分，效果不好。

　　如果同学们能够抓住这三个关键问题，就能最大限度地提高预习时的记忆效率。

004
善于利用零散时间预习记忆

前面说过，高中学习最重要的不是时间的长短，而是效率的高低。这就要求同学们学会灵活安排预习时间，在最短的时间里记住最多的知识。有些零碎时间虽然看起来不起眼，但是如果把它们集中起来利用，也是一笔不小的财富。

状元经验谈I 我们的好方法

许东

上海市高考理科状元

高一开学之后，我拿出了惯用的老办法，集中一切课余时间来预习物理课，拼命地"向前学"，结果打乱了学习计划，不仅物理课没学好，还影响了其他课程的学习，甚至连做作业的时间都没有了。后来，各科学习成绩都出现了下滑的趋势。老师发现之后，找我谈了谈。他建议我用及时预习的方式来摆脱学习现状，即每次拿出三五分钟的时间来预习一下老师下节课要讲的内容，老师要讲多少，自己就预习多少。这样预习的内容比较少，花的时间也不多，学起来也很轻松。

刘宇
内蒙古自治区高考理科状元

　　课前预习与有计划的"大预习"不同，它的特点在于具有实用性，老师要讲多少，就预习多少。这样预习的内容少，花的时间也不会太多，一般有十几分钟就够了。如果时间过长，就可能适得其反：一是占用了过多的时间，影响做作业；二是容易疲劳，效果不佳；三是如果看了过多的内容，第二天上课老师却没讲到，作用就不太大。因此课前预习最好放在新课前的零碎时间里进行，大块的整体时间可以用来做题、复习，或者进行有计划的"大预习"。

陈子丰
黑龙江省高考文科状元

　　时间往往不是一小时一小时浪费掉的，而是一分钟一分钟悄悄溜走的。因此，对时间的计算越是精细，事情就能做得越理想。虽然高中学习的科目多，内容多而杂，学习任务很繁重，但是在整个高中阶段，我都坚持课前预习。很多同学都以为我是回家之后熬夜预习，其实不是，我只是利用一些零散时间来进行课前预习，比如，早上等车的时间、走路的几分钟、晚上睡前的几分钟等。所以说，时间挤一挤总是有的，就看你是不是善于利用。

　　特级教师张文静就很赞同用零散时间来预习的方法。她经常教育自己的学生要善于利用零散时间。她认为，大块的时间同学们可以用来读文章，预习新课则可以利用零散的时间，这样不仅时间安排得灵活，而且还不会耽误总体的学习进程。经过长期的总结，张文静老师把利用零散时间的技巧分为两种。

1. 嵌入式技巧 ✏️

　　这是最常用的方法，也就是在自己的零散时间里填充学习内容。我们在由进行一种活动转为进行另一种活动时，中间难免会留出一小段空白时间，如饭前饭后、等车的时间等，这些时间，同学们可以充分利用起来。饭前浏览一遍即将要学习的英语课文；饭后预习一下语文课文；等车时不妨听一下英语课文的听力部分，以便让自己提前进入学习状态，这些都是对零散时间的合理利用。

其实，零散时间无处不在，一方面我们要压缩时间，另一方面也要合理利用时间。比如，马上就要上课了，你还没有预习新课，这时候要不要放弃预习呢？同学们想一想：从上课铃声响到老师站在讲台上开始授课，中间不是有一段时间差吗？这也是利用零散时间的好机会——抓紧时间在这几分钟里把这节课马上要讲的内容快速浏览一遍，这样虽然不能对新课进行深入的研究，但最起码不会让你在上新课时对课本内容一无所知。

2. 压缩式技巧 ✏

压缩式的时间利用法就是把零散的时间压缩到最低限度，使其尽快结束，从而将节省出来的时间都转入到学习中去，避免过渡时间太长。例如，同学们早上起床后的洗漱时间，就可以进行合理的压缩。把起床、穿衣、叠被的时间压缩为5分钟，洗漱用5分钟，等等，进行这样的合理压缩后，其实并不影响同学们的生活，还能够使同学们快速进入学习状态，投入到晨读的预习课文或背诵新单词的学习中去。

因此，同学们在抱怨自己的时间紧迫或时间总是不够用时，不妨先这样问问自己：

我的学习计划合理吗？
我重视零散的时间了吗？
我是不是将每一分钟的价值都最大化了呢？

积土成山，集腋成裘，多多利用零散时间来积累知识，"小时间"里也是有大财富的。

005
用**阶段性预习法**记忆

　　阶段性预习是一种宏观性、综合性的预习，主要任务是通过了解总体知识的脉络和体系，对近期将要学习的功课内容进行粗略记忆。经过这样的预习，同学们对学习内容的多少、难度和课本编排方式等会有一个大概的印象，做到心中有数，增强自信心。同时，还便于大家制订出科学的学习计划，协调各科的学习时间。

状元经验谈| 我们的好方法

👤 陈兰君	山东省高考文科状元

　　阶段性预习并不要求同学们一定要对每一课中的每一个知识点都熟练掌握，因此，除了把遇到的问题用图表整理出来之外，也可以借助参考书找出本阶段要学习的内容的侧重点，防止盲目预习。

董吉洋 　安徽省高考理科状元

　　阶段预习，就是用较长、较多的时间预习一章或多章的教材内容，以获得初步印象的一种预习方式。以我的经验来说，进行阶段预习时不能一下子全面铺开。全面预习是不现实的，因为我们的时间和精力都无法保证。我在进行阶段预习时本着注重弱势学科的原则，选择自己感到吃力的单元内容先预习一遍。比如，对于理科，我会把重点放在数学的定理、定律、公式、概念和原理上；而对于语文，我则把阶段预习的重点放在了排除生字、生词以及把握课文的中心思想、段落大意和写作风格上。

韩牧岑 　北京市高考文科状元

　　我认为，预习的主要目的在于了解老师在下一堂课讲解的总体脉络，这样就可以在某一知识点没有听懂的情况下也不影响接下来的听课。预习自己偏弱的学科尤其必要。当然，也有人说预习完全是在浪费时间，因为有些内容自己看一遍就明白了，如果自己预习了一遍，那么听老师讲课就会变得无趣而因此分心，反而可能错过老师补充的知识点及强调的重点。我有时也会碰到这种情况，所以我也不建议同学们门门课都预习，毕竟学习时间有限而各人情况确实不同，大家可以具体考虑自身情况，有取舍地预习。预习还有个好处，即它能体现出你对学习积极进取的态度并且能让你沉浸在向前冲的劲头里，不知不觉地奋发向上，而且课前预习后会有"别人不知道而我知道"的优胜感，从心理学上讲，是可以增强你的自信从而有利于你的学习的。

> **祝凌霄**　　　　　内蒙古自治区高考理科状元
>
> 　　我认为关于预习有五点要注意：①预习前最好能草拟预习提纲，然后根据预习提纲带着问题去阅读、思考和理解课本。预习提纲不一定专门去写，可以根据与现行教材配套发行的各学科教学目标手册去拟订。②做课后练习题，目的在于检查自己阅读时的理解程度。③结合做练习题的情况再读一遍教材，以期对知识有较深入的理解。④发现先前的知识没有掌握时，回过头来补上。⑤最重要的一点，是要将课本中的重点和难点、自己的初步见解，以及阅读中遇到的疑难问题记录下来。

　　如果说预习语文课文的"三读三步法"是从细微处着手，那么阶段性的预习方法就是掌握学科全局。我建议同学们在进行阶段性预习时按照下列方法来做。

1. 以单元为目标

　　根据单元学习的目标和学习要求进行预习，预习后再对照目标要求检验学习效果。例如，可以利用教材中每小节前方框中的基本要求和每章后边的"小结与复习"中的知识点、学习要求进行预习和检测。

2. 图表整理

　　这种方法即把在预习中涉及的概念、原理、公式，以及重点、难点、疑点等，用图表的形式列出来，找出规律和联系。

3. 记录下问题

　　预习中如果发现问题，能自己解决的则自己解决，不能自己解决的，一定要记录下来，不必花太多时间思考。带着问题听课时，目标就会非常明确，注意力也容易集中。由此可见，阶段性预习可以使同学们的整个学习更加具有针对性。

006

让预习系统化的**表格记忆法**

在大多数情况下，流于形式的预习大多无法取得好的效果，有时甚至会让心理压力原本就比较大的同学对书本知识更加摸不着头脑。那么，大家怎样做，才能在预习时更系统清晰地记忆知识呢？咱们先来听听状元们对此有什么好方法。

状元经验谈| 我们的好方法

> 🧑 **王欢**   重庆市高考文科状元
>
> 在上课前，对上课内容预先进行学习，了解其中的概况、要点，我认为这就是预习。预习能大大提高上课时的学习效率，有助于加深理解，解决疑难问题。因此，预习并不只是将上课内容简单浏览一下，而需要采用一定的学习方法。扫除障碍法在文科的预习上十分有效。
>
> 例如，在预习一篇课文时，先要粗读一遍。遇到疑难的字、词，要查一查字典、词典，扫清障碍。只有做好这些工作，才能通顺地朗读课文，了解课文大意，并加深对课文的理解。

👤 林宇鋆　　　　　福建省高考理科状元

　　让我认识到课前认真预习是非常重要的来自高中开学不久的一节化学课。由于中考之后顺利进入重点高中，我想当然地认为假期可以好好地玩一玩了，所以一天书也没看。开学之后，有一次化学课上"离子反应"一节，老师讲道："在初中化学里，我们已经学过了，电解质溶解于水就电离成离子，所以电解质在溶液中的反应，实质上就是离子之间的反应。"这两句话虽然不长，可是一连出现了电解质、电离、离子等概念。我一个暑假没看书，学过的化学课程忘记了许多，对这些概念模糊不清了，感到茫然，跟不上老师的速度，听得非常吃力。从那以后，我就开始做课前预习。我采用的是阶段性预习法，这样的方法总是能让我很快知道整章的大概内容和知识点。我一向不善于把握学习的方向，采用了这种方法后，我从一开始只能吸收老师的教学内容，到后来慢慢自己也会拓展了。

　　预习的方法多种多样，能够找到适合自己的方法最重要。除了上文中状元们提供的几种好方法，我还要介绍一种好方法给同学们：表格记忆法。

　　例如，我们在预习英语课时，可以像下面这样做一个简单的表格。

生词	room book……
新句式	as soon as 一……就……
新语法	be+doing 现在进行时或将来时
难点、疑点	be+doing 如何区分表示的是将来时还是现在进行时

　　除此之外，同学们在预习理科的课程时，也一样可以使用这样的方法，比如物理。

内容	物体的运动	备注
重点	1．长度的概念（长度单位、刻度尺的使用、误差、特殊测量） 2．机械运动（概念） 3．参照物（什么是参照物，相对静止）	
难点	$s=vt$	

　　当然，这只是一个简单的英语预习和物理预习的例子，同学们可以根据自己能力的不同，设计相应的表格来满足自己的预习要求。

007
预习弱科时的**两大记忆原则**

知识有轻重，记忆也有轻重。那么，对待弱科，我们在预习时应该怎样记忆呢？总的来说，就是要多花点时间预习，并且养成良好的习惯，持之以恒。这样就会使预习、听课、复习形成一个良性的记忆循环，最终攻克弱科。那么，具体有哪些方法呢？

状元经验谈Ⅰ 我们的好方法

👤 **吴呈杰**

江苏省高考理科状元

偏科在同学们中是一种普遍的现象。有些学生的"偏"是这样的：其他科目都好，只有一门差得厉害。这种情形被戏称为"跛脚"现象。那些有"跛脚"科目的学生常常令老师、家长很头疼，他们自己也非常焦虑。治"跛"，也要从预习开始。那就是在其他科目均已预习的情况下，把这一科作为预习的重点。另外，在预习弱科时应尽可能细致，不放过任何一个细节。

韩启辰 云南省高考理科状元

　　预习，它的重要性自不必说，能够预习当然好，只是现在的学生好像总是把时间排得满满的，作业做完都很累了，再让他们来预习，好像不太现实。但是如果有些科目你学起来比较吃力，预习就非常有必要了。比如数学（理科基本相通），你得看看这堂课有哪些概念、哪些公式，试着去理解一下；然后看看例题，看自己能否看懂，看不懂就想想是不是涉及前面的某个知识点，把前面的知识点拿出来再学习一下，但预习还得控制时间，因为你的时间本来就有限，实在看不懂就留着上课听。养成这样一个好习惯，会对你的弱科有很大的帮助。

　　如此看来，对待弱科的预习真是不能马虎。为了加深预习时的记忆印象，对于时间比较充裕的同学来说，最好在"大预习"时能坚持下面两个原则。

原则一：每次预习的时间保证有30~40分钟

　　当然，这一点也可以视预习的课程内容和自己的时间情况而定。如果预习的功课难，自己的时间也很宽裕，那么预习的时间就不妨延长一些；如果预习的功课易，自己的时间紧，那么预习的时间就不妨短一些。

原则二：预习两遍，间隔一天

　　对于一些较难的科目和章节，我们可以提前一周进行有针对性的预习。比如，对化学科目"卤素"这一单元的内容，可以在周三用30分钟预习一遍，周五再用30分钟预习一遍，这样到了下周老师讲到这一单元的内容时，我们就能够更轻松地理解老师所讲的内容，更准确地把握难点、重点。

　　对于大多数同学而言，不经预习就一无所知地去听课，那样的记忆效果往往不好。当然，有一些基础扎实、成绩优秀的同学认为，预习可能会破坏上新课时的新鲜感，这是因为他们有很强的学习能力，预习时有可能就把大部分知识消化吸收了，上新课时自然会觉得没有新鲜感。但一般来说，预习是一个非常重要的学习环节。

008
因科制宜的**预习记忆法**

　　我在教学过程中发现，大部分同学不管预习哪一门课，都是按照同一种方法。有一位同学，她比较喜欢用列提纲的办法预习记忆历史知识，这也确实收到了很好的效果。但是，她在预习记忆数学时也是这样，只按提纲背诵知识，结果答题时总是解答不出来。因此，我建议同学们除了掌握一般的预习方法之外，还要掌握不同学科的预习方法，这样才能在记忆时事半功倍。

状元经验谈I 我们的好方法

👤 刘梦非	吉林省高考理科状元

　　针对不同的科目，要从不同的侧重点来进行预习。对于文科，预习的时候应更注重理解，搞清楚问题的实质；对于理科，预习的时候要自己动笔计算，先不看书上的解题过程，自己思考解答。

郭修武 　　　　　四川省高考文科状元

　　对英语的学习，我觉得培养语感最重要，这就需要我们把听、说、读、写结合起来。所以我们在预习英语课文的时候，可以在预习单词的基础上，将课文当作听力材料，仔细听几遍课文的录音，这样既可以锻炼自己的听力，也能够对新课有一个较深的理解。

李宁宁 　　　　　陕西省高考理科状元

　　高中理科的课本上，学生实验和演示实验很多，有的会要求我们进行实际操作，这对我们理解某些概念和原理具有重要的作用。因此，我对理化的预习主要是集中在实验上。我会细读实验教材的内容，了解实验目的、实验器材和实验步骤，一边看一边在头脑中想实验，尽量想象每一步骤怎样做，会出现什么现象，怎样解释，等等。针对课本上的每一项注意事项，要认真思考为什么要注意这些问题，如果不这样做会出现什么后果。通过读教材、在心中做实验，对实验的过程和要求有一个清晰的了解，从而为课堂实验做好准备。

　　由此可见，结合各个科目的课堂特点和自己的实际情况，确定重点预习的科目、内容和时间安排及预习方法等，能够使记忆更有针对性。同学们具体可以参考以下的分科预习方法。

1. 文科：用提纲法预习 ✏️

　　提纲预习法就是把将要学习的内容列成不同形式的提纲，提炼概括为有逻辑联系的纲要结构，使之脉络清晰、层次分明、语言精练、观点突出，便于掌握章节大意和中心思想，非常适用于文科的学习。我以历史课本中的"商鞅变法"为例，来详细介绍一下提纲预习法。

　　商鞅变法：

　　（1）背景。土地所有制改变，封建经济要求发展，各国相继变法。公元前365年秦孝公任用商鞅实行变法。

（2）内容。废除井田，承认土地私有；奖励军功，废除世袭特权；建立县制，实行中央集权；奖励耕织，禁止弃农经商。

（3）意义。打击了奴隶主贵族，壮大了地主阶级，确立了封建制，奠定了统一基础。

2. 理科：采用章节或专题预习 ✎

数学、物理、化学等课程的重要特点是知识的连续性强。对数理化课程虽然也可及时预习，但集中时间做阶段预习、学期预习，学习效率会更高一些。

预习数理化课程时可采用以下方法：

首先，阅读课文，理解定律、公式等，是学习数理化课程的重点，预习时要重点理解，牢牢记住。

其次，扫除绊脚石。数理化的知识连续性强，前面的概念不理解，后面的课程便无法继续下去。预习的时候发现学过的知识有不明白的，一定要在课前弄清楚。

最后，试做练习。数理化课本上的练习题都是为巩固所学的知识而精挑细选出来的，是用来检验自己预习效果的有效手段。

3. 英语：预习单词和课文 ✎

英语预习可以分为单词预习和课文预习。单词预习可以先看课后的单词表，也可以直接在课文中读不懂的地方做记号，这样可以把以前学过但是没有掌握的内容也一并找出来学习。同学们可以在课本上尝试用铅笔画出英语的习惯用语、固定搭配，接着预习课文，熟读课文，了解课文大意，然后尝试翻译课文，把不懂的地方标记出来即可。

另外，对于在学习上有困难的学生，最好先从语文、英语等基础学科或个人感到困难的学科中选择一两门进行预习，获得一定的经验后再去预习其他学科的课程，这样有利于提高学习的积极性。

第2章

课堂记忆：
用好三分之二的学习时间

进入高中后，需要记忆的知识越来越多。很多学生向我抱怨，用来记忆的时间太少了；前面的知识还没有记牢，后面新学的内容又遇到了障碍……事实上，每个同学拥有的时间都是一样的，为什么有的同学游刃有余，有的同学却捉襟见肘呢？

据统计，中小学生三分之二的时间都是在课堂上度过的。课堂是大家集中汲取知识的主战场，课堂时间也是大家最主要的记忆时间。所以，学习成绩的高低、能否把辛勤的汗水转化为甜美的果实，关键就在于你能否利用好每节课的45分钟。我为大家整理了11种课堂记忆的好方法，希望大家努力做好听、看、想、做各个环节，尽量在课堂上完成80％的记忆工作。

009
紧跟老师思路，不让**记忆留白**

　　有的学生觉得自己已经做好预习了，听课的时候心不在焉，一节课上完，脑袋空空。其实，这是因为他们在听讲时没有跟紧老师的讲课思路，导致对45分钟的课堂知识掌握得支离破碎，从而使课堂知识的记忆出现了空白点。抓住老师的讲课思路，跟紧老师的步伐，就能高效地记住课堂知识，再结合课后的复习，一般都能取得好成绩。对此，许多状元都深信不疑。

状元经验谈 | 我们的好方法

 王棋明

重庆市高考理科状元

　　在听课时，特别是老师讲例题时，我们应该这样做：先听老师的思路，听老师是怎样认识题目、分析题目，又是怎样把题目与所学的知识联系起来解决问题的，在此基础上把解题过程和答案记下来。听课中要紧跟老师的思路走，要多想想这道题自己来做会怎么解，老师为什么要这么解，还有什么好的或更简便的方法没有。争取在听课中逐渐积累并形成自己的解题思路和方法。

👤 **文秋林**

贵州省高考文科状元

我认为上课听讲要有策略，因此我在上课时会根据不同老师的讲课风格来灵活地调整自己的听课思路，尽量不让自己浪费课堂上的任何一分钟。对于那些讲起课来语言简练、重点突出、很少重复的老师，我会特别集中精力地听他们所概括的要点；而对于那些喜欢写板书的老师，我则会及时地记录下他们的板书，在我看来，这就是他们的讲课思路。可以说，抓住每个老师的讲课思路，也就抓住了课堂记忆的好方法。

👤 **李泽**

北京市高考理科状元

以前，我听课遇到不懂之处，总是急于马上弄懂。于是，当我还在继续思索这个没弄懂的问题时，老师却按照教学进度继续往下讲了。因此下面的内容我就没有听进去，只得下课后自己去啃。这样常常事倍功半，甚至劳而无功。后来，我改变了做法，听课遇到疑难时，就在书上做个记号，继续听课。对于这些疑难，我有时会在后面的听课中茅塞顿开；如果仍未听懂，就课后思考；课后钻研仍无法解决的，再和同学讨论或者请教老师，直到弄懂为止。总之，上课一定要紧跟老师思路，不能只顾弄懂自己的问题不听课，要避免出现顾此失彼的被动局面。

每个老师授课都有自己独特的思路，在听课中，如果能够抓住老师的思路，就能取得良好的学习效果。那么，除了根据不同老师的讲课风格来调整听课思路外，大家还可以采取哪些好办法来牢牢抓住老师的思路，保证听课时"不掉队"呢？以下的方法值得大家学习。

1. 超前思考听课法 🖊

什么叫"超前思考听课法"？简单地说，就是同学们在上课的时候不仅要跟着老师的思路走，还要力争走在老师思路的前面，用自己的思路和老师的思路进行对比，从而发现不同之处，优化自己的学习思维。

比如在讲《林冲棒打洪教头》一文时，老师会提出一些问题；如林冲当时为什么要戴着枷锁？林冲、洪教头二人之间是什么关系？林冲为什么要棒打洪教头？……

老师每提出一个问题，同学们就应当立即主动地去思考，积极地寻找答案，然后和老师的解答进行比较。通过超前思考，可以把注意力集中在对这些"难点"的理解上，保证"好钢用在刀刃上"，从而避免没有重点的泛泛而听。通过将自己的思考跟老师的讲解做比较，你还可以发现自己对新知识理解的不妥之处，及时消除知识的"隐患"。

2. 同步听课法 ✏️

有些同学在听课的过程中常碰到这样的问题，比如，老师讲到一道很难的题目时，同学们听课的思路就"卡壳"了，无法再跟上老师的思路。这时候该怎么办呢？

如果"卡壳"的内容是老师讲的某一句话或某一个具体问题，同学们应马上举手提问，争取让老师解释得再明白些、透彻些。如果"卡壳"的内容是公式、定理、定律，而接下去就要用它们去解决问题，这种情况下大家应当先承认老师给出的结论（公式或定律）并继续听课，先把问题记下来，课后再慢慢弄懂它。

除此之外，听课时同学们还要注意以下几点：

（1）老师的课堂提问。
（2）老师的提示性语言。
（3）老师的推导过程。

记住，只有在听课时与老师的思路合拍，这节课才会记忆深刻。

010
授课方式不同，**记忆方法**也不同

　　之所以说授课方式不同，课堂的记忆方法也不同，原因在于同学们很容易走进对每一个老师都用同一个听课方法的误区。其实听课的方法就像我们每个人的长相一样，因人而异。那么遇到不同类型的老师，大家该怎么听，怎么记呢？状元们有好方法！

状元经验谈I 我们的好方法

👤 龚晓曦	湖北省高考理科状元

　　我的物理老师总是习惯于依据一本或几本教师的备课参考书来讲课。但是讲课的内容在教科书里找不到，所以我们班很多同学上课时就忙着记笔记，教室里听不到一点儿学生提问或讨论的声音。虽然这样做笔记，能够连细节都记得清清楚楚，但是却很难抓住重点，一节课下来笔记记得满满的，可真正记住的没几个。后来，我就想办法弄清老师秘而不宣的"教师用书"是从哪里买的，然后去书店找到了那本书，之后再上他的课就有时间去记忆课堂知识了。

> **👤 吴可书**　　　　广西壮族自治区高考文科状元
>
> 　　高中有一学期为我们授课的历史老师喜欢照着课本讲，讲得大伙儿都快睡着了，听课效果特别差。后来，我想出了一个办法来应对这位老师。首先，在上他的课的前一天晚上认真预习，弄清这一节课的中心内容、基本框架；其次，以教导主任听课的心态来听课，一边听老师照本宣科，一边在心中评论："这个重点没讲到。""这几句话，不过是把教科书上的话前后颠倒了一下。""这个观点讲得还不错。"这么一来，原来枯燥无味的听课过程就变得生动有趣起来，而且还容易跟上老师的思路。

　　以上两位状元遇到的情况，相信很多同学都遇到过，但是苦于找不到合适的方法，经常是上一节课混一节课。接下来，我们就来总结一下，同学们在课堂上通常会遇到哪几种类型的老师呢？

1. "教科书派"老师 🖊

　　这类教师上课时讲解的内容主要以教科书为主，基本上是照本宣科，同学们听起来可能感觉没什么新鲜感。对于那些成绩较好的同学来说，可能缺少一些提升性的内容。

　　解决方法：提前一天晚上预习这位老师要讲的内容，弄清楚两点：①这一堂课将学习什么内容。②这一堂课的重点是什么。

2. "教师用书派"老师 🖊

　　有的老师总是依据一本或几本教师备课用的参考书来授课。讲课的内容在教科书里找不到，造成整个班级集体记笔记，没有课堂互动，抓不住重点知识。

　　解决方法：找到该老师备课用的参考书，或者自己去书店买一本质量较高的参考书。

3. "脱轨派"老师 ✎

这类老师追求课堂效果，上课时他也许会一连说好几个笑话，逗得大伙儿笑声不断，很能调动大家上课的积极性，但同学们往往下课后一看笔记，什么也没记下来。

解决方法：首先还是要提前预习；其次，将老师要讲的知识点列出来；最后，在上课时，对照自己的知识列表听课，听到的打"√"，老师没讲或者自己没听到的打"×"，下课后，向老师或者同学请教没听到的知识点。

4. "天书派"老师 ✎

这类老师的知识水平较高，讲课时多使用专业术语，晦涩难懂，使得同学们对新学的知识更加一知半解，一节课下来脑袋昏昏沉沉，像是听天书一般。

解决方法：首先，多发问。不懂就去问，课堂知识的疑难点一定不要留到第二天再去解决。其次，自己在听课时有意识地强迫自己跟紧老师的讲课思路，并且记下笔记，将每节课的讲课体系列成纲目。

由此可见，每位老师都有自己的授课特点，有时即使某位老师的授课方式不太适合你，你也一定不要因此产生抵触心理而不认真听课。只要你针对不同老师的不同特点，采取不同的应对方法，每节课都能变成你的知识舞台。

011
安排好听课流程再**记忆**

在给学生授课的过程中，曾有不止一个同学向我诉说他们的烦恼："每堂课都用心投入了，可就是记不住东西，一节课下来常常听得云里雾里的。"其实，出现这种情况很正常，一天除去早晚自习大概有8节课，要想每节课都保持高效的记忆，说实话也难，但不记又不行，这怎么办呢？作为老师，在这里给你提供一个好方法：不妨将每节课分为不同阶段，根据每个阶段的讲课内容来调整自己的记忆状态。这样松紧有度，就不会有"云里雾里"的情况发生了。

状元**经验谈**I 我们的好方法

👤 胡嘉	重庆市高考文科状元

> 对于听课，我的心得是自己要在心里做一个小规划：什么时候完成什么样的听课任务，这样听课比毫无规划要高效轻松得多。而且，我认为，对待上课正确的态度应该是：一想到在课堂上自己又将学到新的知识和本领，就感到兴奋，从而产生一种心理期盼。只有在这样的心理状态下进入课堂，才能获得听课的高效率。

> **👤 王星艺**　　　　　　　　吉林省高考理科状元
>
> 　　不能轻视在课堂上的每分每秒！高中三年，我每天回家从来没有带过课本。这是因为我知道理科的学习必须要掌握正确的方法，在掌握基本知识的同时，最有效果的是要熟悉各种题型的解题方法。而解题方法大多千篇一律，只要抓住最根本的原理就能举一反三，变换题型也不怕。所以，我从不浪费课上的每一秒，集中注意力听清老师在讲什么，让我的课堂生活松紧有度。像每节课的开头，老师一般会带我们复习一下前面学过的知识，这时候，我就会以一种比较轻松的心态去听课。而像中间的新知识，我则会高度集中注意力，不放松。这样合理地按排时间，我的学习效率一直很高，学习生活也轻松而充实。

　　由此可见，有阶段性地去听课，效率更高，学习起来也更轻松。那么课堂的45分钟，大概有哪几个阶段呢？

1. 开篇引入阶段

　　老师一般会在课堂的前5分钟时间里用最简练的语言回顾一下上一节课讲的内容，以便达到内容的衔接、过渡，引入本堂课要讲的内容。在这个时段内，同学们应跟随老师的思路，明确老师的教学目的，从而顺利进入下一个阶段。

2. 讲解知识阶段

　　本时段一般为25～30分钟。老师将从知识的"点"开始，点→线→面地阐述和讲解本节课的主要内容、疑难之处。这时，同学们应当以最佳的状态理解与记忆老师所讲解的内容。

3. 总结梳理阶段 🖉

　　每到离下课还有5分钟的时候，老师基本上就会停止新课内容的讲授，将这点时间用来对本堂知识进行小结，帮助同学们梳理一下所学的内容，并留作业或思考题，以便同学们课下复习，巩固所学的知识。这时，你也要跟着老师的思路梳理一下本节课的知识点。

　　同学们还可以根据不同科目、不同老师的讲课特点，自己总结出有效的听课方法。这些学习秘诀，将会使你的学习变得轻松、有效！

012
课堂记忆的小技巧：注意力变换

据一项研究表明，青少年的注意力一般只能持续20~25分钟。超过这个时间，注意力就会下降。注意力可持续时间与一节课的45分钟之间产生了矛盾，大家的确很难保证一堂课自始至终都高度集中注意力。显然，不少善于研究学习方法的同学也发现了这个规律。针对这一问题，状元们也有经验供同学们参考。

 状元经验谈| 我们的好方法

 丁若泓

福建省高考文科状元

我曾经看过一本杂志，说人的注意力不可能长时间地保持固定的状态，而是经常间歇性地加强或减弱。于是，我在上课时就留心观察，发现有经验的教师常常会在一堂课内以几种不同的形式组织教学。如讲授15分钟新课后，会安排一定时间的讨论或进行随堂训练，或穿插一些演示实验操作，或在短时间内以诙谐的语言调节一下课堂气氛，以避免出现听课疲劳的状况。我们也应掌握这一规律，主动跟上老师调节学生注意力的节奏。

👤 张雪悦

新疆维吾尔自治区高考理科状元

那些在预习时很容易理解和掌握的内容，老师讲到时则不必全神贯注，可以让脑子放松一下，往后翻翻课本，或许会有新的收获。整整一堂课让脑子紧绷着一根弦，对一般人来说是受不了的。有的同学上课一开始还能集中精力，可上到半截儿就开始走神。而老师上课时往往一开始是回顾以前所讲的内容并引入新的内容，这些内容往往比较简单，接下来才是较深入的分析和讲解，那些才是最重要的内容。可偏偏此时不少同学已经是心不在焉了。因此不妨反其道而行，刚上课时先放松一点儿，后半节课再紧张起来。

👤 范瑶瑶

天津市高考文科状元

有的同学不重视注意力的调换，往往一堂课下来觉得很累。也有的同学注意力调换以后，不能随着教师的节奏重新回到原来的学习中来，仍停留在教师安排的某些有趣的课堂插曲上，即不能根据新的学习要求，主动地将注意力从一个对象转移到另一个对象上。同注意力的稳定性一样，注意力的转移也是学习过程中的一项重要品质。因此，同学们在平时的学习实践中应有意训练自己的注意力，以培养良好的听课习惯。记住，如果你不能整堂课都保证全神贯注的话，就要学会自己掌握课堂注意力的调换和转移。

一堂课的顺利完成，需要有意注意和无意注意的有效转换。老师在课堂上呈现的教具、实物、模型、图画、多媒体介质、与教学内容相关的生动的故事和笑话、幽默的语言和动作等都可以引起学生的无意注意。而当学习内容缺乏新奇性和趣味性时，学习材料自身就失去了吸引力，这时候就需要意志来维持你的注意力，从而转入有意注意的状态。例如，老师讲解一个枯燥的原理时，你就必须运用有意注意的方法。

可见，听课时有效地实现有意注意和无意注意的调换，是一种十分重要的课堂学习方法，这一方法需要循着如下途径进行训练。

（1）当教师讲课的内容新奇刺激时，使自己尽可能融入这一刺激所创造的情境中，获得对这一刺激的鲜明印象以及轻松愉快的心境。

（2）随即开始思考这一刺激所蕴含的原理，并使之与本节课的主题发生联系。

（3）告诫自己，经过新奇刺激之后，就要开始关键知识的学习了，一定要保持注意力的集中，跟上老师的节奏。

除此之外，在听课时注意以下三点也能够帮助你灵活变换注意力，高效记忆课堂知识。

（1）认真听讲，紧随老师讲课的思路（何为重点，何为难点……）。

（2）在没听懂的地方先做个记号，课后再加以解决，先跟上老师的讲解。

（3）尽量将老师讲的知识当堂消化。

013
积极参与课堂，主动记忆新知识

有些同学认为，上课嘛，无非就是老师讲课，学生听课，这就好比学生是仓库，老师就是辛辛苦苦的搬运工，老师把"货物"运送到"仓库"门口，同学们再打开"仓库"的门，把"货物"放进去，被动地接受老师带给我们的知识。我曾经对许多中高考状元和一些中学的优秀学生进行观察研究，后来发现几乎每一位状元或者优秀学生在学习中都有一个共性，那就是积极主动地参与到课堂中来。

状元经验谈｜ 我们的好方法

👤 邓园	海南省高考文科状元

课堂讨论能促使你思考，加深对所学知识的理解，即使自己的意见不对，也能及时发现自己的弱点，及时克服。而且讨论时，你听了各种意见以后，也更容易产生新的创意，不但锻炼了你的口头表达能力，而且提高了你的辩论能力。

李栋　天津市高考理科状元

我的成绩来自兴趣与钻研。平时上课时，我很重视老师讲的内容，并结合自己的思考来对知识点进行深入理解。有的同学认为，上课只要老师讲、学生听就可以了，常常把自己放在被动的地位。但我认为老师的讲解和指导只是为我们创造了学习的一个前提条件，最关键的还是要我们自己参与到课堂中去，不懂的就问。课堂学习和吃饭一样，别人是不能代替的。所以要想上好课，必须积极参与课内的全部学习活动，不当旁观者。

张韵凝　北京市高考文科状元

我非常喜欢上课时老师提问我，每一次的提问和回答都能让我对那节课的知识点记得更深、更牢。老师所提的问题，往往是相关知识的重点、难点或我们容易出错的地方。回答正确，是对自己掌握知识的肯定，会让我变得越来越有信心；回答错误，自己存在的问题暴露出来，也更有利于及时纠正。久而久之，一节课的新知识我当时就能全部记住，而且都理解得很透彻，学习效率提高了很多。

在课堂上，老师提问和学生回答是老师和学生交流互动的主要途径。因此，我建议大家用下面几个方法，来鼓励自己积极参与到课堂中去，活跃自己的学习思维，力求积极自主地记忆新知识。

1. 进行积极的自我心理暗示

很多同学在课堂上不敢积极参加课堂活动，其实同学们不妨想想：有什么好害怕的，都是同学，错了又怎样？再说了，不就是一个小问题吗，我的智商又不比别人低，有可能我的答案正确率比别的同学还高呢。

2. 要相信自己的答案是正确的 🖉

有的同学，对于老师提出的问题，虽然答案已经是了然于心了，但是还是一副"茶壶里煮饺子——肚里有货倒不出"的状态，为什么呢？答案是：不相信自己。都在同一个教室里听同一位老师的课，别的同学敢于站起来阐述自己的观点，你也一样可以，不要紧张，回答一个问题而已，没什么大不了。

3. 不要害怕出错 🖉

只要你敢于站起来回答问题，说出自己的观点，就是光荣的。有可能因为你的纰漏，老师会重申这个问题，这样一来，那些对这个问题还没有完全弄懂的同学通过老师的第二遍讲解弄明白了，他们会因此而感激你。

同学们在积极参与课堂活动的同时，还要注意以下两个问题。

（1）我是否掌握了足够的知识去积极参加课堂讨论？

由于绝大多数老师都紧跟教材授课，所以一般情况下，都可预测出课堂讨论的内容。如果你没有胆量发言，就要事先猜测一两个你认为可能在课堂上讨论的题目，并做好准备，这样会使你感到安全，能帮助你克服恐惧感。

（2）我是否有更好的方式去回答问题？

回答问题最好用肯定形式，而不用否定形式。切勿首先对自己答案的正确性提出疑问，比如，一开始就说"这样说不对吗？"或"书上不是说……"，结果还没等你开始解释自己的观点，就令人怀疑了。

014
明确听课关键，**记重点**

听课时，你虽然不可能把老师的每一句话都记在脑子里，但老师所讲的关键内容你一定要记住。一般来说，老师为了照顾不同层次的学生，会采取不同的方式讲不同程度的内容。这时，你就要根据自己的实际情况抓住关键点，重点记忆对自己有重要意义的内容。只有这样，你才能让课堂的45分钟充分得到利用。

状元经验谈| 我们的好方法

 曹林菁　　　　　　　　河南省高考理科状元

　　我的听课原则就是四个字："以我为主"。当老师在讲课本或资料上的例题时，我总是时听时不听。比如在学理化时，老师肯定要讲课本或相关资料上的例题。我当时的做法是，听课时先老师一步，开始自己做例题，一边做一边听老师讲课。如果老师的解题方法和我的不同，就停下来听一听，并将老师的方法记在课本或资料的空白处。这样"时听时不听"，使得我上课时总能记住关键知识点，不至于像其他同学一样，听着听着就烦了。

龚恬　　　　　　　　　江苏省高考文科状元

在三门主科中，我的语文是最好的，也是最稳定的。这主要得益于语文老师对我的指点。他常说，自己需要什么，在上课时就听什么。在课堂上，老师所讲的内容很多，我们要善于从老师的讲解中抓住要点、重点，这才叫作"会听"。而老师的提问旨在培养学生的说读能力，学生在思考问题、回答问题的过程中，需要再次阅读课文，然后将相关信息进行整理，表述出来，从而提高阅读能力和语言表达能力。这些能力的培养是学生在课后的语文学习中无法做到的。我想，我在高考中之所以能够取得现在这样不错的成绩，主要还是因为善于利用课堂45分钟去记关键点吧。

谢远航　　　　　　　　河南省高考理科状元

我觉得平时上课要认真听讲，这是最基本的，当然这也是我的诀窍。我觉得真正的认真听讲是指在认真思考老师所讲授的知识的基础上，进行取舍。对于十分熟悉的知识点，我们可以少听或者不听；对于自己不懂、不会或者多次因此出现失分情况的知识点，则要重点记忆。我认为，只有这样去听课才有效果。

梁思齐　　　　　　　　北京市高考理科状元

我的上课心得就是，不要平均用力。听课时，最忌讳的就是什么都听什么都记，毫无重点。应该善于抓住重点、难点和关键点听课。比如，在新课开头，由旧知识引入新知识，新旧知识有联系的关键处要听。在听课过程中，保证注意力有张有弛，会让我们的用脑效率更高，记忆效果更好。

是的，正如曹林菁同学所说，听课的原则就是要"以我为主"。抓住对自己有意义的知识点去记忆，这样的方式确实在提高学习效率上十分有效。

那么，哪些内容是课堂上对大家有用或者是很关键的呢？

1. 听要点 ✏️

一般来说，一节课的要点就是老师在备课时准备的讲课大纲。许多老师在讲课正式开始之前会将要点先告诉大家，同学们要对此格外注意。例如，在学习物理课"力"这一节时，老师会先说一下这一节是要讲"常见的力、力的合成与分解"，这就是这一节课的要点。把这两点认真听好了，这节课就基本掌握了。

2. 听思路 ✏️

思路就是我们思考问题的步骤。例如，老师在讲一道数学题时，我们先要思考应该从什么地方下手，然后再想想用什么方法或者公式，通过什么样的过程来进行解答。听课时关键要弄清老师讲解问题的思路。

3. 听问题 ✏️

对于自己预习中不懂的内容，上课时要重点把握。在听讲中发现的问题，要特别注意老师和课本中是怎么解释的。如果老师在讲课中一带而过，并没有予以详细解答，大家就要及时地把它们记下来，下课后再向老师请教。

4. 听方法 ✏️

在课堂上不仅要听老师讲课的结论或结果，而且要认真关注老师的分析过程、解决问题的方法。比如，上语文课学习汉字，一般都是遵循着"形""音""义"的顺序；分析小说，则一般都是从人物、环境、情节三个要素入手；写记叙文，则要从时间、地点、人物和事情发生的起因、经过、结果六个方面进行叙述。这些都是语文学习中的一些具体方法。当然，其他科目也有各自的适用方法。

相信大家根据以上四个关键点去听课，记住课堂知识就问题不大。

015

重视笔记，好记性不如**烂笔头**

1981年，美国心理学家巴纳特以大学生为对象做了一个实验。他把大学生分成三组，甲组为笔记组，要求他们一边听课，一边记下他们认为的要点；乙组为看笔记组，他们在听课的同时，能看到已列好的要点，但自己不动手写；丙组为无笔记组，他们只是单纯听讲，既不动手写，也看不到相关的要点。学习之后，对所有学生进行回忆测验。结果是：在听课的同时，自己动手写笔记的一组成绩最好；在听课的同时看课堂要点，但自己不动手写的一组成绩次之；单纯听讲而不做笔记，也看不到笔记的那组成绩最差。由此可见，提高课堂记忆能力，记笔记很重要！

状元经验谈| 我们的好方法

> 👤 **孙一先**　　　　　　　　北京市高考文科状元
>
> 　　在记课堂笔记时，对于一些关键线索的处理要机智、灵活。要注意听那些关键的提示语，如"过程步骤如下""由此导出""其意义在于"，以及"最后""因此""还有"等，因为这样的提示语可能告诉你老师后面要讲的是重要内容。

👤 李昊辰 　　　　　　　宁夏回族自治区高考文科状元

一些同学认为，反正教材上什么都有，上课只要听讲就行了，没必要记课堂笔记。在我看来，这种观点是错误的。记笔记有助于指引并稳定学生的注意力，这样一来上课走神的概率就大大减小了。而且，记笔记的过程也是一个积极思考的过程，可调动眼、耳、脑、手一齐活动，促进了对课堂讲授内容的理解。俗话说，好记性不如烂笔头，这是很有道理的！

👤 罗政灵 　　　　　　　宁夏回族自治区高考理科状元

其实我在高一时还无心学习，但是从高二开始，我意识到如果再这样下去，只会离自己理想的大学越来越远，于是下定决心努力学习。这种转变的过程不是很容易，我一度找不到方向和方法，于是求助于一个学习方法QQ群，在那里有一位网友向我推荐以记笔记的方法来慢慢适应高中的课堂。于是我开始尝试这种方法，每个学科我都会按内容分类记笔记，比如，英语分为口语、阅读理解、完形填空、语法、作文这五大部分，就把各个部分中自己的薄弱环节记在笔记本上。因为笔记暴露了自己的不足，只要把不懂之处弄懂，后来考试基本上就没什么问题了。

👤 刘欣泽 　　　　　　　内蒙古自治区高考理科状元

不知道你有没有过这样的经历，看到一段很好的资料，萌生了想法：要是把它抄在笔记本上，以后常看就好了，然后又觉得篇幅过长，不想动笔，就此搁置一旁。懒惰的时候，我也常常如此，但转念一想，这样偷懒会让自己错过的东西越来越多，是很不划算的。学习也需要"冲动"，一旦产生了这样发奋的想法，就要立刻实行。比如说，我的语文老师推荐我阅读《语文基础知识手册》这本书，我就选择性地抄写了一遍。默写时有什么地方写错了，一定会反复订正，直到印象深刻再也不会出错。

做笔记既可以帮助同学们突破大脑记忆方面的局限，又能充分调动耳、眼、手等协同工作，帮助记忆。一般来说，课堂笔记应该记录以下几方面的内容。

1. 记知识的结构

将老师系统的板书、重要的图解和表解等记下来，这有利于记忆知识，形成知识网络，便于我们更好地掌握知识的内在联系。

2. 记重要内容和典型事例

老师所讲的重要内容，如重要的知识点、重要的思考方法、典型的例题、新颖的解法、独到的见解等，应尽可能全部记下来，这样有利于我们把握重点、增强学习效果和提高学习能力。

3. 记课本上没有的内容

有时为了能更系统、更深入地讲解某个问题，老师往往会补充一些课本上没有的知识，把它们记下来，有利于课后的复习，也便于更深入地理解记忆。

4. 记不懂的问题

课堂上对某个问题一时听不懂或理解模糊的，先把它记下来，待课后再自己深入钻研或请老师和同学帮助解决。

5. 记听课的心得体会

在对某个问题的学习过程中由不懂到明白时，会产生一些新的想法、新的思路等，要及时记下来，否则这些思维的火花会稍纵即逝。

另外，笔记的形式也要因科而异，一定要充分体现各学科的特点，做到为己所用。

016
听讲题课要记的**六个方面**

现在的老师都爱讲习题，我有时也会专门上习题讲评课。有些学生总是先入为主地认为习题讲评课没什么好听的，自己反正会做题了，听不听课无所谓，事实上这样想就错了。其实，老师在习题讲评课上一般不会为了讲评而讲评，在讲评题目的过程中，不仅讲评该题的解题过程和方法，还会进行适当的知识拓展。只要有心，通过认真听老师的讲评课，依然可以从中学到许多知识和方法。

状元经验谈I 我们的好方法

> 👤 袁一沣
>
> **吉林省高考文科状元**
>
> 在习题讲评课上一定不要先入为主，认为上习题讲评课只要知道最后的正确答案是什么就可以了。其实，习题讲评课就是纠错课，如果你认真观察就能发现，老师每次都会强调一些题目中易犯的错误，在这种时候，即使那道题你做对了，也要认真听。因为，这就是最容易考的知识点，也是我们最容易弄混的知识点。

👤 郭文韬
青海省高考理科状元

对于我来说，上好习题讲评课的意义不仅仅在于了解某个问题的正误，更重要的是可以复习、巩固所学知识，了解知识的内在联系，提高综合运用知识的能力。所以，我的经验是，习题讲评课一定要用心细致地听，尤其是当老师分析解题思路和出错原因时，你更要竖起耳朵听仔细，这可是下次不再犯相同错误的关键。比如，考前我们做过这样一道题目：The girl dropped three cups, all of —— were broken. A. that B. them C. which D. whom，我错选了B，后来经过老师的分析和讲解，我很容易就理解了主从句和并列句的区别与联系。

👤 张殿炎
辽宁省高考理科状元

记得从高三下半学期开始，物理课和数学课基本上就是习题讲评课，讲试卷、讲练习题。说实话，一开始我很厌烦这种习题课，因为真的很枯燥，就是讲题目，很容易听着听着就睡着了。但是后来我发现，每次习题讲评课上，老师都不是分析所有的题目，而是有详有略。那些详细并且被再三讲评的往往都是我们平时特别容易做错的题目。并且，每次除了讲评这些易错点，老师还会进行知识的延伸，比如说，介绍一个新的公式，讲一个程度深一点儿的定理。后来，我摆正了心态，每次习题课，我都用心听老师讲评，渐渐地独立思考的能力提升了不少。

原来，看似无聊枯燥的习题讲评课也蕴含着很多的新知识。那么，同学们如何在习题讲评课中发现"新大陆"呢？不妨从以下几个方面着手。

1. 梳理思路 🖊

把老师讲课的思路和你自己在听讲解过程中的思路梳理出来，简要地写在笔记本上。

2. 回忆知识

对于老师在讲评时提到的知识内容，看看自己能否及时想出来。若不能，课外就及时复习巩固。听课时，思路要跟着老师走，这样才能跟上老师的节奏，才能及时回忆知识。

3. 拓展思维

老师讲评时，自己要先想一想该题如何做，然后看老师的解法和自己的解法是否相同。如果相同，则再想一想是否还有其他解题方法；如果不同，想一想自己的解法是否站得住脚。

4. 听老师的讲课过程

听一听老师是怎样分析、怎样求解的，想一想自己为什么有时想不到，想一想老师分析题目时所依据的知识和原理。

5. 看老师的解题板书

看老师是怎样在黑板上写解题过程的，想想自己是否也能这样写，以及老师写的解题过程是不是有漏洞。

6. 分析错题的原因

对于自己做题时答错的题目，课堂上要认真听老师的讲解，分析自己错在哪里，并及时加以更正。

上习题讲评课时，同学们还可以把题目的解题思路或者自己的心得记在试卷的空白处或者专门的一个笔记本上，这样既方便日后查阅，也能够帮助自己拓宽解题思路。

017
"五到"法让你记牢**课堂知识**

　　有很多同学向我反映，课堂上明明已经把要学的东西全听明白了，但学过之后，又全忘干净了。出现这种现象的原因是，大家认为已经明白了的知识点，实际上并没有理解透彻，因此在大脑中保持不了多长时间就忘记了。要想让记忆保持长久，就必须发挥多种感官的作用，让学过的东西形成长期记忆。许多高考状元在介绍自己的学习经验时，都谈到过这样一种记忆方法——"五到"法。

状元经验谈| 我们的好方法

> **👤 李强**
>
> 陕西省高考理科状元
>
> 　　许多人相信题海战术，以为做遍天下题，就能应付考试。我认为这样反而背离了学习知识的本意。其实，学习的关键在于理解，只要做到每一堂课真正掌握教师教授的内容，不"欠账"，就能学好功课。每堂课的45分钟我都是集中全部注意力，做到"五到"，高效率地听和思考，往往当堂就能理解并掌握所学的内容。回家后再做一些练习题，知识就忘不掉了。

李卓然
湖南省高考理科状元

我发现，很多同学之所以学习成绩不佳，是因为他们在课堂上只知道死记法则、公式。这样的记忆效果很不好。因为学习每一个新知识都是为了解决问题的。对于课堂上所学的新知识，解题既是一种检验，同时又是巩固记忆的需要。特别是数学课，如果只学法则，不进行习题演算，则无异于纸上谈兵。因此，课堂上对老师安排的一些练习题或小测验，不要马虎应付，而要认真地解答，以便及时巩固知识，及时发现问题进行弥补。

李虹洁
海南省高考文科状元

宋朝著名学者朱熹说过："读书有三到：心到、眼到、口到。三到之中，心到最急。"而对于我们学生而言，占整个学习过程最多的就是课堂听课的那段时间了。所以，我认为能不能听好、记好非常重要。听课除了这"三到"之外还有"两到"，那就是耳到和手到。听课时应该是耳听、眼看、手记、口问、脑思。这也是我能够轻松拿到高分的秘诀！只有抓住课堂的45分钟去记忆去思考，考试才能过关斩将不慌乱。

耳、眼、口、手、心，这五个感官同时对知识点进行记忆，将会是一种什么样的效果呢？同学们不妨来体验一下。

1. 耳到

耳到即耳听，注意听老师的讲授，听同学的提问，听大家的讨论，听同学的不同见解，听老师的答疑。

2. 眼到

眼到即眼看，认真看教材，看必要的参考资料，看老师的表情、手势，看老师的板书，也可以看优秀同学的反应。

3. 口到 🖊

口到即口说，复述老师讲的重点，背诵重要的概念、定理，大声朗诵老师指定的段落，大胆提问，大胆回答。

4. 手到 🖊

手到即手写，写老师讲授的重点，抄有价值的板书。听课时，边听边在教材上圈圈重点，批注一下感想，画一画难点。

5. 心到 🖊

心到即动脑筋，对接触的知识积极思考。这是"五到"中最重要的一点，只有用心思考才能把知识化为己用。

耳到、眼到、口到、手到、心到，这样多种感官并用，多方位地刺激大脑活动，自然就提高了你参与课堂的主动性，那么你记忆的能力自然也就加强了。

018
记忆法宝：当堂知识当堂消化

前面说了，听课时要做到"五到"：耳到、眼到、口到、手到、心到。眼，要注意看老师和老师写在黑板上的东西；耳，要尖，要善于发现老师提出的重要观点，听出同学提问的难易；脑，要牢记主题，以适当的速度进行思考，并注意培养判断能力。但是，课堂上听讲不能听完、记完就算了，坚持"当堂知识当堂消化"这一原则对大家提高听课效率和加深记忆非常重要。

状元经验谈| 我们的好方法

👤 郭恒	甘肃省高考理科状元

其实学习并不难，只要上课时跟上老师的思路，紧抓课堂45分钟，把课本知识当堂消化掉，再做些配套练习，将课本上的重点举一反三地融入练习当中，学习起来就不会那么吃力了。

程子杰　　　新疆维吾尔自治区高考理科状元

当堂知识当堂消化，很多同学不是做不到这点，而是想着下课以后的时间多，那个时候再背。换言之，就是他们在听课过程中有"课上没做到课后补"的思想。本来课堂10分钟能完成的任务，一定要用课后20分钟来完成，这就将自己的课余时间给占用了。现实中有的同学课堂上没听好，课后加班加点地补，造成第二天听课没精神，听课质量就更不好，从而形成恶性循环，使情况变得越来越糟。这样发展下去，最后只能自暴自弃，由跟不上课变成了根本不想上课，一到上课时间就想东想西、看课外书、打瞌睡，如此等等，不一而足。

高欣弘　　　上海市高考文科状元

我是一个在学习上有些"喜新厌旧"的人。新的知识、课文都会让我非常兴奋，我也很爱听，但是高一时我坚持的原则就是上课只听，先不背，等课下再背。导致的结果就是，上了一天课，要记忆的东西实在太多了，还有各科的作业，根本没有那么多时间把新知识点消化掉。后来，我就改变了听课的方式，坚持当堂知识当堂就消化，绝不拖到放学后。事实证明，这个办法让我越学越轻松了。

当堂知识当堂消化，这就像是记忆里的一个良性循环，时间越久，记得越牢。下面为同学们介绍几种让当堂知识当堂消化的好方法。

（1）在课堂上认真听讲，老师讲到哪里你就跟到哪里、想到哪里。

（2）充分利用老师安排的讨论或答疑时间，阅读分析课本知识，讨论解决疑难问题，快速识记、强化理解课堂内容。

（3）利用老师讲解的间隙（如板书、停顿），迅速回忆一遍所学知识的内在联系，以便及时消化、吸收。

（4）认真而高效地做好老师布置的课堂作业。

（5）留心结束语。结束语是老师对一节课所教内容的概括总结，留心它，有助于把握这堂课的整体，做到胸有成竹。

（6）列一个问题清单。把课堂上没听懂的问题全部整理在笔记本上，列出一个问题清单，课后找机会问老师，弄懂一个划掉一个。等你把不会的问题全部消灭了，就说明知识基本上都掌握了。

记住，学到的知识要及时消化，这样才能真正有收获。

019
记忆课堂知识要 "瞻前顾后"

　　有这样的说法，要给学生"一碗水"，老师要有"一桶水"才行。这种说法是从知识的广泛性角度看问题的。那么，同学们如何能够从这"一桶水"里提取出更多碗水呢？

状元经验谈I 我们的好方法

👤 李岳泽　　　　　　上海市高考理科状元

　　对于理科学习，我的心得是联系新旧知识，发掘多种解题思路。但是很多同学只追求"做出来"，有了一个答案便不再深入思考，缺乏"瞻前顾后"的良好习惯，从而忽略了另外的可能性。其实，如果我们能够在解答出了答案之后，再多往前走一步，多想一想另外的解题思路，我们的数学思维能力就会大大提高。

赖绮玫　　　　　　广东省高考文科状元

　　汉语是一种上下文相关的语言。有的时候，要理解一句话的意思需要联系它的前后几句话，更有甚者要联系整个段落、整篇文章。"断章取义"是指引用他人的文章或谈话，只截取其中一段或一句话的意思，而不顾全篇文章或整个谈话的内容。这个成语从反面说明理解一句话与整个文章或整个谈话是相关的。例如，只看"衣带渐宽终不悔"这一句话，完全可以理解成不为长胖而后悔，看到后面的"为伊消得人憔悴"才能确定表达的意思不是发胖而是变瘦了。所以，读书遇到不懂的地方或者不会做的题时，我第一步就是回头再仔细读几遍书上有关的内容。这样做可以帮助我加深理解，会指引我解题的思路。如果还是不行，我就记下问题继续读后面的内容，然后再返回来思考问题。这种"瞻前顾后"的处理方法往往会收到不错的效果。

邢宇飞　　　　　　内蒙古自治区高考理科状元

　　我的学习经验就是要"往前走，往后看"。比如，生物这门课，在记住了基本的名词、术语和概念之后，接下来主要就是学习生物学规律了。这时我们要着重理解生物体各种结构、群体之间的联系，也就是注意知识体系中纵向和横向两个方面的线索。例如：关于DNA，我们会分别在"绪论""组成生物体的化合物"和"生物的遗传和变异"这三个部分学到，但教材对这三个部分的论述各有侧重，这就需要我们把前后知识联系起来记忆，即所谓"瞻前顾后"。

　　学习新的知识可以增加学生的"水量"。但是，在学习知识的过程中应该注意"瞻前顾后"，学习新知识时联系旧知识。上新课时，每当老师提到一个和旧课有联系的问题时，同学们如果能迅速联想起上一节课所涉及的知识点、方法、解题技巧及分析推理的过程，就不仅有助于你理解新课，还能使你把新旧知识联系起来，将知识记得更牢固。

1. 把上节课所讲过的单词、语法、概念、定理、公理、公式等基础知识在大脑中迅速地回忆一遍

基础知识是我们在课堂上优先要掌握的内容。如果上一节课讲的基础知识点共有10个，而你上新课前只能想出其中的6个，这说明什么呢？一方面，说明你上一节课听课的效率不高，记忆效果不好；另一方面，说明你课后没有投入必要的精力进行复习。此时，要提醒自己：课后一定要复习，只有复习了，上新课之前才能顺利地回忆起旧课的主要内容。

2. 把上节课所涉及的解题方法、解题技巧在大脑中重新过一遍

解题方法、解题技巧属于我们必须要掌握的基本技能。在上新课之前回顾一下旧课中讲过的方法和技巧，有助于我们积累解题经验，能在上新课时做到举一反三、游刃有余。不过，大家在重视方法之外，一定不能忽略下面的第三个步骤，否则即使你记住了大量的方法，也可能出现光知道方法却不会用的情况。

3. 把上一节解题过程中的分析推理过程在大脑中重新感悟、提炼一下

有的同学认为：这样做是不是有点儿太多余了？其实一点儿也不多余。这是因为：这并不是简单地将原分析过程重新在大脑中再现一次，而是对原分析过程的浓缩和补充，你要争取从原来的分析过程中发现新的知识，例如：这道题有没有其他的推理方式？这道题的核心是什么？突破口在哪里？而不是死记硬背原分析过程，那样做显然不如理解推理过程来得实在。从上一节课到下一节课，你虽然不一定能记住具体的题目，但是你一定要对做题时的推理过程烂熟于心。

通过这三个步骤的回顾，同学们会发现：新旧知识点之间的联系实在太紧密了，学习时"瞻前顾后"不仅能够加强我们对新知识的理解，而且能让我们取得"一节课有两节课"的记忆效果，岂不是事半功倍？

第3章

课后记忆：
复习是最有力的记忆武器

在每堂课的前5分钟，我都会做这样一件事：提问学生，检查他们对前一天所学知识的掌握情况。可检查的结果往往大相径庭，一般是这两种情况：一种是很多内容没记住；一种是掌握得相当透彻。同样是坐在教室里听课，为什么结果截然不同呢？

我随意抽了一个知识掌握得非常好的同学，问他是怎么做到的，他对我说："我的做法很简单，就是放学回家后将当天的知识复习一遍。"你也许会问，复习真有这么显著的效果吗？我的答案是肯定的。早在1885年，德国的心理学家艾宾浩斯就通过实验发现，所有的人，在学习知识方面，都会发生先快后慢的遗忘过程。这也就是说，在整个学习过程中，我们都在和遗忘做斗争。其中，最有力的武器就是复习。那么，如何做好课后复习工作，牢牢记住所有知识点呢？

020
巩固知识要"趁热打铁"

我发现，很多同学都有一个坏习惯，就是每上完一节课就扔下课本，等到要考试或者做练习时才拿起课本，结果丢一遍复习一遍，学习效率大大降低。所以，在每天的课堂学习之后，大家最好能够安排出一段时间来复习。课后及时复习，不仅能够加强和巩固你对新学知识的理解和记忆，而且还能帮助你更系统地掌握它们，达到灵活运用的目的。

状元经验谈| 我们的好方法

 孟鑫禹

云南省高考文科状元

我的高中政治老师常说："一定要做到：必须要预习，听课要仔细，复习要及时。"为什么要强调复习的及时性呢？这是因为学习具有反复性的特征。艾宾浩斯遗忘曲线告诉我们，遗忘的过程是先快后慢的，而我如果想要先人一步，就要做到及时复习。因此，每节课上完后，我总是会在座位上多留5分钟，将我记的笔记和课本再翻一遍，回顾一下老师课上所讲的知识点。这样坚持了三年，我的文综科目笔记总是条理清晰、知识点明确，老师们都以为我在记忆上有不同寻常的天赋，其实我只是钻了遗忘的漏洞而已。

> **罗诗语**　　　　　　重庆市高考文科状元
>
> 　　我的听课经验是，每次课后用两分钟将上节课的内容回忆一遍，这对巩固课堂知识非常重要。45分钟一节课，随后休息10分钟，这就给我们课后及时回忆所学内容提供了时间和可能。但在现实中，大多数同学都没有重视或忽视了这个环节。其实，每次课后只要用两分钟将所学内容回忆一遍就可及时了解自己对课程的掌握程度，回忆不出来的可及时翻书或向老师和同学请教，这样就能加深对所学内容的印象。所以切不可忽视"课后两分钟"，这两分钟被称为"黄金两分钟"，对提高单科的学习效率非常有用。

　　及时复习，就要赶在遗忘之前，在记忆犹新的时候"趁热打铁"，这样可以收到事半功倍之效。许多同学在听课之后，不管对新知识是否已经理解和掌握，就埋头做作业。实际上，这种做法忽视了及时复习这个重要步骤。一般来说，及时复习包含以下几个环节。

1. 尝试回忆

　　合上教科书和笔记本，把老师所讲的内容默默地回想一遍。这样，既可以检查听课的效果，又可以加深对知识的理解，还能养成勤于思考的习惯。

2. 看教科书

　　回忆之后，就要和教科书对照一下，对已懂的地方则可放过，对不懂的地方可对照笔记思考理解，对重要的概念和原理要做出标记。在这一环节还要仔细研究例题，不仅要理解例题的内容，还要掌握例题的解题思路、方法和表达格式，为正确地完成作业奠定基础。

3. 复习后再做作业

　　通过作业练习，深化理解和运用在新课上所学到的知识。

4. 巩固难点 ✎

　　对记忆难点（如英语单词、语文课文背诵等），在当晚临睡前或第二天起床后再花少量时间，加以复习巩固。

　　及时复习确实比延迟复习记忆的效果要好，但也并非越早越好。总而言之，复习的最佳时机要根据个人的学习习惯、课程的性质、难易程度来决定。

021
立足教材的记忆效果最好

　　进入高中以后，知识点不仅变多，也变难了。许多同学认为只要课堂听讲时看课本就够了，课后应该多看一些复习资料，并喜欢找一些五花八门的难题做，这是十分有害的。如果你认真翻阅一下往年的高考试题，便不难发现，高考题目历来都以考查基础知识为重点，真正用来区分成绩档次的题目只占到30%左右。很多高考状元在谈到高分秘籍时，都说是得益于坚持立足教材的记忆原则。

状元经验谈丨我们的好方法

许晓佳	宁夏回族自治区高考文科状元

　　我买的参考书很少，也从来不补课，如果非要说有什么学习上的秘诀的话，那应该就是掌握课本知识吧！每个科目的教材，我几乎都翻过不下百遍了。我认为书本里的每句话都需要认真琢磨，特别是像历史、政治这种科目，每个字都不容更改。总而言之，我觉得与其花时间去看那些参考书，不如先立足课本，把基础打牢，这样才能得高分。

李佳楠　　　　　　黑龙江省高考文科状元

　　我想跟大家分享的学习经验就是：不要迷信所谓的"重点知识"。我通过观察发现，高考考题的形式和角度虽然千变万化，但万变不离其宗。不外乎是知识在课内，题目在课外。

　　因此，根据这个特点，我首先要求自己全面掌握教材中的每一个知识点，不留记忆空白。

赵仪　　　　　　山西省高考文科状元

　　老师经常告诉我们，课本上的知识是很重要的，它代表着基础知识中的精华。而且每次考试也证明了老师的这一观点，试卷上的题目都离不开课本这个"根本"。所以，我在复习时总是把每一课的知识点都找出来，重点记忆，逐个消化，不留知识死角。以我的优势科目化学为例，我会逐字逐句地阅读课本内容，画出自己认为是重点的内容。有不理解的地方，经过短时间的思考后马上去问老师或同学，认真听老师或同学的分析，纠正自己理解上的偏差。

赵旭照　　　　　　山东省高考理科状元

　　谈到学习，我的经验是注重基础知识，不钻研难题、偏题，而是着重记忆基础知识，巩固基本方法。

　　"万变不离其宗"，千变万化的试题只是命题角度的变化，它不会脱离《考试大纲》，不会脱离课本的知识点。所以在复习中，大家要把主要精力放在记忆课本知识上。具体来说，同学们要做到以下几个方面。

　　（1）利用课本目录进行记忆，准确了解自己掌握知识的程度。在复习每一册课本时，先看看课本的目录，对照目录回忆课本的内容：这一章的内容有几节？每一节都有哪些重要知识点？如果你已经熟悉掌握了课本上的知识，那么一看到目录就能清楚地记起大致内容来；如果记不起来，就需要进一步细读课本。

（2）把目录变成复习的提纲，根据目录的顺序记忆各个章节的知识内容，回忆概念、性质、公式、定理、原理和典型题例及其解题方法。利用目录来回忆知识，不仅有利于搞清每个知识点的来龙去脉，还能全面掌握课本中的知识点，有效防止知识的缺漏。这样长期训练有利于形成积极的思维定式，在做练习题或考试时，一旦出现某个问题大脑就会迅速展开围攻，储存的知识会形成一股风暴扑向目标问题，问题就能轻易地得到解决。

（3）针对知识缺漏，读懂读通教材。对有重要知识点的课本内容要反复仔细阅读，弄清它们的内在本质及各知识点间的联系与区别。特别是理科科目，读课本的过程中，要努力把主要公式、定义定理、重要结论和一些特殊例题的特殊解法记下来。通过读课本，再把各章节之间的内容联系弄清楚，这样基础知识的脉络就清晰了。

（4）依照课本目录顺序，默写课本的主要内容或知识提纲，再与课本进行对照，以查找自己对基础知识的掌握情况。这样坚持下去，就会建立起各个知识点之间的网络关系，全盘了解和掌握课本知识，形成心中的"一盘棋"。

除了以上四点之外，同学们还可以通过默写课本目录的方式来加强对课本知识的熟悉度。只要我们掌握了课本知识，也就掌握了通往高等学习殿堂的第一把钥匙。

022
记忆也要明确**目的和计划**

　　有些同学的记忆环节是很盲目的，每天背多少算多少，毫无规划。其实，用这种机械记忆的办法死记硬背，反而很难记住，而且忘得快。正如苏联教育学家苏霍姆林斯基所说："记忆没理解的规则，会导致肤浅的知识，而肤浅的知识是不能保持在记忆里的。"要想记忆效率高，制订计划是关键。这里的计划并不是指必须要制作一份表格之类的东西，而是指自己要明确记忆的内容和目的。

状元经验谈∣我们的好方法

> **👤 顾殊涵**　　　　　　湖南省高考文科状元
>
> 　　在复习时，心里应算着多少天背第一遍，多少天后背第二遍，今天背哪一章哪一节，明天背哪一章哪一节，这样的记忆才有目的性，而且能使你对当天的记忆内容做到心中有数，而不是无底洞，从而不易疲劳，不易乱了头绪，也不会使你在背得心烦意乱时丧失了信心。当然，我认为背政治、历史等科目也不能逐字逐句地死记硬背，而是要想办法降低知识的遗忘率。

吕晔 　宁夏回族自治区高考理科状元

我觉得好的方法在复习过程中起着至关重要的作用，尤其在高三学年。因此，结合实际情况，我把高三所有的复习方法总结为一个词：计划。每月的计划、每周的计划、每天的计划，乃至每节课的计划我心里都十分清楚。我习惯将各科的作业任务都写在一张白纸上，完成一项就画去一项，这样做会很有成就感。我的数学成绩不是特别突出，为了在有限的时间内快速提高数学成绩，每天晚上6:30—7:30，我会将当天学习的知识复习一遍，再认真地做一道高考压轴题，然后对解题方法进行总结。通过这种方法，我的数学成绩提高得很快。

耿天毅 　吉林省高考理科状元

关于复习，我的学习经验是按照阶段去记，每个阶段我都给自己定下了不同的任务，包括每个月应该完成的记忆要点。比如说，第一阶段，从概念、知识要点出发，尽量全面、准确地恢复对概念的记忆和理解。第二阶段，重点放在习题上，通过做习题巩固和加深对知识的理解，同时积累一定的方法，培养清晰的解题思路，适当地锻炼解题速度。第三阶段，整理知识体系和调整考试心态。就这样按部就班，有目的、有计划地复习，让我面对高考时底气十足！

李逸 　江西省高考文科状元

目标是指明道路的灯塔，是激励我们前进的不竭动力。在学习中，老师一课一课地教，我们一课一课地学，在按部就班的学习中不断提高。很多同学在高三总复习或者大考将近的时候就慌了手脚，复习的时候胡子眉毛一把抓，到最后连自己都弄不清楚复习了哪些内容。因此，我认为不管是平时的课后复习还是考试复习，甚至是高三的总复习，我们都应该清楚自己复习的内容和学习计划。

明确目的，制订计划，然后执行。这样的复习方法绝对要比你毫无规划地埋头苦读效率高得多。那么，具体大家应该怎么做才能提高复习效率呢？

1. 有明确的目的和计划

比如在某一个复习阶段或者某一个时段内，要记忆哪些内容、要达到怎样的记忆效果、多长时间之后再对这一部分内容进行复习等，最好都有一个明确的计划，并督促自己完成已确立的目标。

2. 理解同记忆相结合

一定要把所背内容的道理吃透，有了理论基础再来背诵就容易多了。比如在记忆数理化的公式、概念时，我们应该先弄清其中的原理、推导过程及和其他知识点的联系，这样再去记忆就简单多了，而且也不容易忘记。

3. 抽象记忆同形象记忆相结合

这一点有助于你轻松记忆，而不至于让你因背的内容太多而心烦意乱。比如，在背历史时，可以想象那些历史故事，将自己置身于一个历史大环境中，这样再来领悟书中的内容与道理岂不简单？又如，在背政治时，也可同社会时事、国际大事相联系来背，既做到了理论联系实际，也有助于背牢、背活课本上的知识。

学习就像一座高峰，只有那些懂得采用循序渐进的学习方法的同学，才能攀至顶峰，一览众山小。

023
把知识点梳理放在**记忆**前

在复习过程中，将知识点按照逻辑关系进行归纳、概括形成知识体系，再采用联想法将相关知识点联系在一起，形成知识网络，进行对比记忆。这种将知识点体系化的方法不仅便于我们理解和记忆，在复习时还可以收到事半功倍的效果。对此，各位高考状元深有体会。

状元经验谈| 我们的好方法

👤 张振	山东省高考理科状元

　　高中各科知识点很多，尤其是文科的英语、语文和理科中的化学、生物等科目。如果我们平时不注意积累，不注意分块总结，就很难把这些零散的知识点牢牢记下来。对于英语和语文，我平时很注意从练习、考试的题目中收集自己还没有记熟的内容，专门用一个笔记本将它们分门别类地抄下来，有时间就翻看复习，久而久之，这些东西就深深刻在自己脑子里了。

张翔雁　　　　　　　　福建省高考文科状元

我学习数学的一个重要方法是知识点网络总结法。所谓的知识点网络总结法就是我们在平时做题时，如果遇到解答不出的题目，就将与这道题目有关的解题方法和所考查的知识点在题目的旁边列出来，然后在本子上总结出来。这样经过一段时间的训练，在考试的时候看到题目就能联想到有关的知识点，并迅速找到相应的解题方法。使用这种方法一方面可以提高解题速度，节约不少时间；另一方面可以提高做题的正确率。

王道蕴　　　　　　　广西壮族自治区高考理科状元

我们学过的知识做过的题，就像一盘散珠，端出盘来，很引人注目，可是要一颗一颗拿出来才知道是多么不显眼，七零八落。于是，我就找到了贯穿这些"珠子"的红线——书本总体的框架。这种记忆的方法其实很简单——翻开书本的目录，那极易被我跳过去的一页其实就是我最需要用"红线"穿起来的一页。找到规律后，我开始按照这个"红线"去复习，一周以后就丢掉了课本，用回忆的方式来温习了。这样两次复习下来，平时那些没有被注意到的"小珠子"就自然而然地被穿成漂亮的"项链"了。

王一卜　　　　　　　　陕西省高考文科状元

通过比较，我们更容易找出学习内容之间的异同，方便我们复习、记忆。拿记忆历史年代来说吧，公元前594年，雅典执政官梭伦实行改革，扩大了奴隶制统治的基础；同年，中国春秋时期的鲁国实行"初税亩"，标志着我国奴隶社会土地国有制的瓦解。再如，公元476年，西罗马帝国灭亡，标志着西欧开始进入封建社会；而中国从公元前475年的战国时代开始就已进入封建社会，比西欧早了近1000年。这样复习起来，不仅涵盖的内容广，复习效率也会提高不少。

由此可知，知识是一个整体，在对课本知识熟悉到一定程度后，就要打破章节的界线，从不同的角度梳理知识体系，这样才能进一步加深对知识点的印象。那么如何让自己的知识体系化呢？下面给同学们介绍几种知识点梳理的有效方法。

1. 自画网络图法

我们可以分三个步骤画出属于自己的知识网络图。

首先，仔细阅读课本内容，全面理解各个知识点。通过分析、思考，了解教材的知识体系、重点、难点、范围和要求，找出各知识点间的联系，掌握知识脉络。

其次，写出各个知识点，并用线条将相关的知识点连接起来，在线条上标明两个知识点之间的关系，形成一张纵横交错的网络图。

最后，要注意的是，网络图归纳的内容可大可小，可以就整本书的内容画成一张网络图，也可以就某一章节的内容画出一张网络图。

2. 图文结合法

同学们在学习生物、化学等以物质的复杂结构为基础的科目时，可以依照物质的结构图（或模式图）来学习。比如，植物细胞亚显微结构模式图、细胞的结构图和功能图等，以各个物质的结构图为起点，把有关知识点按一定的规律有顺序地串联在一起，构成一条条以结构名称为起点的知识链，进而形成以图为中心的知识网络。

所有的知识点都有内在的联系，当同学们在复习过程中感到知识复杂、记忆起来比较困难甚至无从下手时，不妨试着将这些知识间的联系用画图的方法表现出来。

024
浓缩式记忆法效果好

　　记忆，其实就是让书本内容从厚到薄，再从薄到厚的过程。而在这个过程中，同学们背诵的内容应当是有详有略的，有所简化才能有所强化。你在简化和提炼课本内容的过程中，对知识点的认识提高了、理解加深了，就能进一步把握重点和难点。这种经高度概括后的关键点，被称作知识的精华，它言简意赅，有利于我们复习和记忆。而这种记忆方法就叫作浓缩式记忆法。

状元经验谈l 我们的好方法

> 👤 **谭思颖**　　　　　　　广西壮族自治区高考文科状元
>
> 　　谈到记忆方法，我就想起我的高中历史老师。高中历史的记忆量大，而且人物、年代、时间和地点非常繁杂，很容易记混记漏。为了让我们背诵的时候更加有效率，历史老师就将一些历史事件编成了顺口溜，读起来朗朗上口，便于记忆。比如，清朝皇帝的顺序：努皇顺（努尔哈赤、皇太极、顺治），康雍乾（康熙、雍正、乾隆），嘉道咸（嘉庆、道光、咸丰），同光宣（同治、光绪、宣统）。看，用这样的方法是不是记忆起来就轻松多了呢？

杨纯子　　　　　　浙江省高考文科状元

　　我的学习经验得益于一句名言：浓缩就是精华。还记得我上初中的时候，每次考试都是临时抱佛脚，考前把老师讲的所有内容都过一遍，80多分就差不多了。可是进入高中以后，我发现这种复习方法不再适用，我的成绩每况愈下。后来，我的班主任告诉我，高中的学习要用巧劲儿，要学会归纳概括。我听从老师的建议，每次复习的时候都将需要记忆的材料进行简化，概括出3~4个小点，这样学习起来轻松极了。

高媛　　　　　　河北省高考文科状元

　　记得刚学历史的时候，我常常是"开卷了然，闭卷茫然"，做题也时常拿不准。究其原因，就是对课本里的一些知识点没有理解透彻。后来，我就采用先了解后浓缩的方式去记，效果果然大大增强。具体来说，我划分要点通常是根据时间、人物、地域、物产等标准来进行。这样，经过条分缕析，一段文字里所包含的知识点就会凸显出来，一方面减少了记忆量，重点突出；另一方面还能避免记错、记漏。真是一举两得！

陈大鹏　　　　　　山东省高考理科状元

　　对于我来说，浓缩式记忆法虽看似平凡，却暗含着不平凡的神威。比如在记忆"基因分离定律"时，我是这样记忆"三个分离"的——形成配子时，同源染色体分离、等位基因分离、杂合子后代性状分离。这样既理解了基因分离定律的实质，又为进一步理解"基因自由组合定律"打下了坚实的基础。

　　浓缩式记忆法是一种把庞杂的内容简化，记少忆多的方法。具体来说，这种方法就是先提炼出复习材料中的关键性语词，然后对其进行综合概括，形成一个或一组简单的"信息符号"，这样就可以把复杂的知识依靠简化的方式保存在记忆中。具体来说，你可以这样浓缩——

1. 主题 🖊

无论是鸿篇巨制，还是诗词小令，都有一定的主题思想，只要把它提炼出来，就能概括并记住材料的主要内容。

2. 要点 🖊

对内容繁多的识记材料，可以采取浓缩的方法，化多为少，抓住要点，就会大大减少记忆量。

3. 简称 🖊

对较长的词语、名称进行简化，赋予它一个新名称，这样更便于记忆。

4. 顺序 🖊

把识记材料按原顺序概括，记忆时突出顺序性。如"王安石变法"的内容：青苗法、募役法、农田水利法、方田均税法、保甲法，可简记为"一青二募三农四方五保"。

除了以上几种浓缩概括的方法外，同学们还可以用编顺口溜、画关系图的方式总结材料，帮助自己记忆。

025
压力调节法，远离**记忆焦虑**

压力是不可避免的，但并非不能自我调节，关键在于你是否具有自我调节的心理，是否具有"只为自己而学"的思想。俗语说，"困难像弹簧，看你强不强；你强它就弱，你弱它就强"。压力总是"恃强凌弱"的，不要轻易因为压力而低头。

状元经验谈I 我们的好方法

👤 陈亚玲	广西壮族自治区高考理科状元

我调节压力的办法是，给自己设定合理的学习目标。比如我觉得能考80分，那我就给自己设定78分的目标。这样哪怕自己真的考了78分，也是在自己意料之中；而如果我考了85分，超过了预定的目标，我就会从心理上产生一种超越了自己的成就感，学习时信心就会大大增强，压力也自然减小了很多。

👤 **冯晓君** 　　　　广西壮族自治区高考理科状元

　　高三是个容易心浮气躁的阶段。你会认为自己很多知识都懂了，但是似乎有很多知识又是不懂的。一考得不好，就会心烦，觉得前途一片黑暗；一考得好，又觉得自己似乎该掌握的知识都掌握了，还剩几个月该怎么熬啊。记得当初我被确定保送北京大学以后，整天无所事事，不知道自己坐在教室里有什么意义。在课堂上想看大学的书籍，总觉得不能融入群体而看不进去，又没耐心认真听老师讲课。考试成绩不算差，但也好不到哪里去。3、4月份基本上过的是混混沌沌的日子，没有目标的生活是黑暗的。眼看这么下去也不是办法，虚度光阴啊，于是我经常找我的班主任和校长谈话，具体谈什么已经不记得了，但是通过谈话，我的思维逐渐清晰，突然间我明白自己要做什么，明白自己的路应该怎样走了。那种愉悦平和的心境对我5月份的复习起了决定性作用。总而言之，我每天都有收获，每天都有进步。保持心态平和、心情愉悦、心明如月，每天进步百分之一，那么只需要100天，你就会发现，原来自己也可以做到，并且会做得很好。

👤 **董春** 　　　　广西壮族自治区高考文科状元

　　劳逸结合是提高学习效率的好方法。老师曾跟我说："只有花一天的时间学到别人三天才能学到的东西，才能在高三取胜。"高三的学习是要追求效率的。我提高学习效率的方法靠的是劳逸结合，该学习时学习，该休息时休息，因为只有正确地处理好学习与休息的关系，才能保持良好的状态。同时，课间休息能缓解压力，调节情绪，所以我会利用课间好好放松，但我学习时一定会全身心投入。此外，要正确处理课内与课外的关系，课外要保证预习与复习的时间，有剩余时间的话，可以看一下报纸和杂志，不仅可以开阔眼界，学习新思路、新观点，还是另一种方式的放松。

　　在复习中，每个同学都会承受来自不同方面的压力。调节好压力，保持心态平衡，则是取得最后胜利的关键。那么，这些压力主要来自哪里呢？总的来说，主要分为两种。

1. 内在压力

这种压力是由同学们自己的心理期望值决定的，同学们对自己的期望值越高，所具有的心理压力也就越大。比如，一位同学，成绩处于中上等水平，并不算是非常优秀，但是他的目标是一流大学，在这种只有60％把握的情况下，给自己100％的期望，自然也就承受了很大的压力。而对于那些成绩拔尖的同学来说，他们对自己的期望是很大的，在考场上不能有丝毫失误，这无形中也增加了心理压力。

2. 外在压力

外在压力很大一部分来自家长、老师和同学。每个家长都希望自己的子女能考出好成绩，每一个老师都希望自己的学生是最优秀的，而这无形之中会给考生造成巨大的心理压力。这个时候同学们心里考虑的，或许已经不是知识掌握程度、考试会考哪些知识点等问题了，更多的则是"考不好怎么办？""考不好怎么对得起老师，别人会怎么看我？"等问题，这些问题想得越多，考试时也就更容易患得患失。

面对这些心理压力，我建议大家多了解一些心理学知识，比如心理学家总结的"压力曲线图"。从右图可以看出，适当的压力能够成为我们前进的动力；但是当压力超过一定的限度（曲线顶点）时，压力越大，效果反而越差。所以那些成绩起伏大、心理负担重的同学，一定要从这种"压力曲线"中学会调节心态。放松心态并不代表给学习减力，而是善于从适当的压力中获得不断进步的力量。只有认识到了这一点，你才能积极采用合适的方法去复习，以一个良好的心理状态面对学业，在考试中轻松取胜。

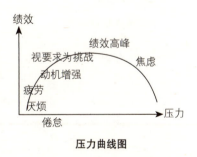

压力曲线图

026
"旧路新探"记忆法增加新鲜感

由于我们记忆时所接触的都是以前学过的知识，难免会有枯燥感，而如果能从旧知识中找到新的感觉，自然就会增强记忆效果。这种方法就是"旧路新探记忆法"。

状元经验谈| 我们的好方法

> 👤 **罗翰宁**
>
> **安徽省高考文科状元**
>
> 在高三的学习中，大多数同学对新的知识比较感兴趣，我也如此。每次老师上复习课，我都觉得很无聊，会产生厌倦感。但是人的记忆时间有限，复习是必需的，那么用什么样的方法来记忆效果会比较好呢？我采取了顺逆交错的方法来进行记忆。顺逆相结合，可以给人一种新鲜感，增强复习兴趣。用这种方法，我总是能够在记忆的过程中收获新的学习心得，连效率也提高了很多。

许长发

江西省高考文科状元

顺逆法，顾名思义，可有两种解释：一是顺势法和逆势法的合称；一是顺势逆之，即用逆反思维的方法来思考和描写、叙述或议论，就像是数学题解中的反证法，正理反求，逆算检验。这种方法是根据文章思想内容和表现主题的需要，有时顺水行舟，有时逆流而上，有时又将顺势与逆势交错安排，巧妙穿插，起伏变化，从而使文章在自己的脑海中形成摇曳多姿、峰回路转的特色。

杨光

辽宁省高考文科状元

我的学习方式是灵活多样的。以我的弱科地理来说，它需要我用理科的思维去学习。地理有很多图表结合分析题和运算题，表述题也需要很强的逻辑思维。课本里并没有明确列出一些常用公式和规律，所以我课后着重复习了参考书和老师之前总结的规律。另外，在复习的时候，我还会采用画图的方式来进行，我甚至把课本（包括小学、初中、高中所有的地理书、地图册）里的图都默画了一遍，最终我能轻松地在草稿纸上画出世界地图，标出港口、洋流、高低压地区、大洲大洋分界线、地震板块、世界大河等。

具体来说，运用这种"旧路新探记忆法"有三个步骤。

1. 逆思

第一步要求从你要复习内容的最后章节开始往前看，也就是从尾到头地进行逆思，边看边默忆一遍教材的主要内容，溯本求源地探索它的知识脉络。

2. 顺读 ✎

第二步是从头至尾地依顺序读教材。由因求果，厘清它的内在联系及发展线索。在这一遍的阅读中，我们要学会利用好知识的"骨架"，也就是课本的目录、内容提要、标题、框架和课后小结等部分。将这些内容掌握了，整本教材的知识点就能纲举目张。

3. 顺逆交错思考 ✎

第三步将上述"顺读"和"逆思"反复多次，交错进行，这样执因求果、溯本求源地交错思考，极有利于我们掌握教材的结构特点，弄清知识的来龙去脉，既能巩固深化理解所学知识，又能厘清思路、学习思考方法、独立探索问题。

同时，运用"旧路新探记忆法"时还要注意以下两点。

1. 读思结合 ✎

逆思与顺读要互相照应，对记不牢的内容，再读时要重点复习，强化记忆；复读不懂的问题时，要"暂停"，多思深究，及时解决。

2. 贵在出"新" ✎

这种复习不能只满足于回忆所学知识，更要透彻理解、融会贯通，力求有新的体会。复习中还要不断增添新的信息，把过去学的和今天重看的感受、认识加以比较、分析，提高思维的灵活性和创造性，以求得每复习一次都有新收获、创见，充分发挥"温故而知新"的"知新"作用。

上述方法是不是让你的记忆知识时，感觉更加新鲜、有趣了呢？

027
最易拿高分的**试卷记忆法**

同学们在每个学期都要经历大大小小的考试。一学期下来，每位同学手里都会有一厚摞各式各样的试卷。试卷中的题目都是老师们深思熟虑精选出来的，着重反映了这门学科的学习要点。因此，同学们可以充分利用以往的试卷进行复习。接下来，我们就先看看高考状元们是怎么做的吧！

状元经验谈| 我们的好方法

王佳楠	黑龙江省高考理科状元

曾经有一个学妹在微博上私信我说："好崇拜你啊！我数学基础还可以，就是经常因马虎丢分，尤其到考试的时候，解题思路就会变得很混乱，我该怎么办呢？"我的回答是，多看错题本和试卷。因马虎丢分是一个普遍问题，而且很容易大幅度拉低分数。考前多看错题本和试卷，可以让我们更好地进入状态，减少马虎丢分的情况，而且看完错题本和以前的试卷心里有底，考试的时候解题思路就不会乱了，便于发挥出正常水平。但是考前最好留出足够的时间，因为如果考前看不完，心里可能会更没底。

陈君仪 　　　　　　湖北省高考文科状元

　　每一次做试卷都是对自身所学知识的一次检验，因此，我平时就养成总结每次考试得失的好习惯：考得好主要得益于什么，考得不好的主要原因又是什么，并归纳整理成册。

王鹏宇 　　　　　　陕西省高考理科状元

　　临近期末，记忆的方法有多种，由于平时我的听课效率比较高并且对教材基本已经摸熟摸透了，因此我选择了用试卷来记忆的方法。以语文为例，我会拿出所有考试试卷，第一步就是分析试卷。在分析试卷的时候，我发现考题涉及课文里某一个具体内容的比较少，大多是考比较综合性的能力。第二步就是通过看试卷整理出语文考题的一般考查内容和形式。第三步就是将试卷的分析和心得记在单独的一个笔记本上。每张试卷我都坚持这样做，一段时间后我的语文阅读能力有了很大提高。

　　看，只要细心整理，考过的试卷也能发挥很大的作用。那么，具体有哪些整理试卷的方法呢？

1. 总结得失法

　　在每次试卷发下来以后，先要把每道题重新认真地研究一遍。看看自己哪些题做对了，对的题做题方法是否简便，步骤要不要补充、精简；错的题当时为什么会错，是马虎还是根本不会做这类型的题。通过这番整理，你可以了解自己学习情况的细枝末节，明白自己的强项在哪里，提高分数的关键在哪里。

2. 以卷为纲法

有些科目，可以以试卷的题型作为复习的提纲，比如英语单词、语法、听力、阅读、作文等。最直接的方法就是，将一张张试卷按照顺序整理成文件夹或习题集的样式，根据科目、类别进行归类整理，最后装订成册。以语文试卷为例：

试卷名称	考试时间	分数	备注（错、难知识点）	页数
高一上学期期中考试试卷	10月24日	105	作文题目不新颖	1
高一上学期期末考试试卷	6月15日	117	文言文理解不透彻	7
高二4月份模拟考试试卷	4月27日	102	古诗文默写失误太多	12

3. 符号标注法

我们在翻阅试卷的同时，可以将里面的题目进行分类，分别做出标记。比如，如果是一般性的题目，而且自己做对了，那么就先将它放在一边。如果题目设计得很好，而且自己做对了，那么就画个圈。对于这类题目，我们在考前大概浏览一下就可以了。像那些由于自己马虎或者是解题思路有误而做错的题目，则要在题号前画个三角符号。这种题目就是我们下次复习时的重点。

除此之外，同学们还可以在试卷上做错的题旁边写上正确答案的运算过程和解题思路；一题多解的，也可以将别的解题方法记在一旁。这样一来，试卷就成为错题笔记和难题笔记了。

028
最有用的"过电影"回忆法

有些同学总认为，通过复习来记忆知识会占用自己太多的时间，不如多做几道题更有效果。事实上，如果你连基本的定理、公式、法则都没有记住，盲目地去做题又有什么用呢？

状元经验谈丨我们的好方法

 黄佳琰   江苏省高考理科状元

每次复习所学的内容，我都是用"过电影"的回忆方式将其储进大脑中的，以加深印象。很多学生在学习过程中对"过电影"这一学习方法没有给予高度重视，这样，即使及时复习所学内容，也难以长时间地保持清晰的记忆效果。实际上，以"过电影"的方式回忆所学知识既可节约大量时间，又能增强记忆，甚至能成倍地提高学习效率。

查韦婷　　　　　　安徽省高考文科状元

　　学新课的时候，我们是一课一课学的，知识是分散的。因此复习时，我们应该将分散的知识汇集起来，并将知识有序化、系统化。要达到这个目的，有一个好方法——"过电影"。在时间上我是这么安排的：语文、数学、英语，每天晚上一科。比如说，周一晚上是语文，周二晚上是数学，周三晚上是英语。到了周四，又一个循环开始，又是语文……刚开始"过电影"时，几乎离不开课本，"过"一单元内容要翻五六次书，花大约两个钟头才勉勉强强地把一册书"过"完。后来越来越快，最多半小时，就能"过"完一科。使用"过电影"的方法，把原来分散的"镜头"都连在了一起。知识系统了，也就便于我们融会贯通了。

　　各省高考状元们的经验谈告诉我们，用"过电影"的方法回忆所学知识，既能巩固当天所学内容、增强记忆，还能及时检查自己的听课效果，发现自己学习上的薄弱环节。那么具体应该怎么做呢？在用"过电影"复习法进行回忆时，有哪些是需要注意的呢？

1. 操作方法

　　（1）时间：下课后上厕所的路上、课间休息的片刻、在课桌上伏案的片刻、在林荫道上散步时、睡觉前。

　　（2）所需物品：在回忆时，你可以带一本教材，也可以带一个笔记本，也可以什么都不带。

　　（3）最佳时间段：午休和晚上休息前的20～40分钟，每节课的内容花费两分钟左右。

2. 注意事项

　　（1）要全盘考虑，统筹兼顾，有计划、有目标，"理""练""记"相结合，切忌蛮干。每天要弄清三个问题：我该做什么？我能做什么？我该怎么做？

（2）在综合与模拟训练中，仔细地读、认真地想、有效地记、理智地做、灵活地用、深刻地悟。

（3）注重课本，注重考纲，注重基础回归。考前最后一周应当合理安排"过电影"，回归基础找感觉。要厘清基本概念、原理等知识的细节、内涵、内蕴、变通形式；厘清知识网络与结构体系；厘清重点、热点题型的解题思路、方法、规律、步骤与注意事项等。

"过电影"有时可能会出现思路中断，回忆无法继续进行的情况。这时候不要急着打开书本或笔记本，可以努力搜索自己的记忆，通过一些轻松的画面让自己重新回到"电影"的轨道中。

029

参考书：复习时的**好帮手**

高中时期的学习内容庞杂、时间紧张，不少同学选择参考书来辅助学习。但是参考书的质量良莠不齐，大家应该如何挑选呢？一般而言，老师选择的作为复习资料的参考书，质量都不错，应作为精读的重点。接下来，我将跟同学们分享几位高考状元使用参考书时的体会和经验。

状元经验谈 | 我们的好方法

> 黄冬　　　　　　广西壮族自治区高考理科状元
>
> 我认为，高中生最好对精选出来的辅导书中的某些章节进行重点阅读，把它们吃透弄懂。在这个基础上，如果有时间、有精力的话，再根据自身情况适当地看其他类型的辅导书。比如我初学高中函数时，只选择了《数理化自学丛书》中的"函数单调区间"一册进行重点复习，结合书中的例题，并且通过自己解题，牢牢掌握了书中的基本概念和函数图形。因此，选择参考书要因人而异。

齐华瑞　　　　　　　河南省高考文科状元

　　选择参考书，要根据自己的情况。如果你想走在教学进度的前面，把知识提前学到手，可以阅读一些着重讲基本概念的书，为今后的学习打下坚实的基础；如果你想在学习教科书的同时，看一些参考书，以巩固课堂上所学的知识，可以选一些具有代表性的习题集，做一些有典型意义的习题；如果你想在某一课程或某一章节学完以后对其进一步加深理解，可以看一些专门讨论某一问题的小册子，研究一下这些内容有什么独特之处，与课本上有什么区别或相似之处。

朱宸卓　　　　　　　北京市高考理科状元

　　参考书的使用应要求"精"。选参考书，一是选大出版社、知名老师编的，因为他们会注重自己的名誉，书的质量不会差，而且每年再版，实践性强，也会根据新情况对内容进行调整，"试题组"之类的最好别信；二是系列书，比如入门、详解、精解，由浅入深，有难度梯度，吃透一本好书比潦潦草草地做完几本书有效得多。有些同学光做习题不对答案，这种做法的效果几乎是零。不对答案，意味着根本无法"从错误中提高"。但做错的题并非看懂答案就行，而应在看懂后的第二天尝试再独立地解一遍。

龚泽惠　　　　　　　江西省高考理科状元

　　我觉得好的参考书是课堂的补充，有些老师没有提到的解题技巧和新的知识点大多可以在参考书中找到。此外，学理科必须保证做一定量的题，而这些光靠作业是远远不够的。高考时我化学考了145分，就是得益于从不同的参考书中读到的许多大大小小的解题方法和思路。参考书里的题恰好与高考题解法类似的情况也有过，但做参考书上的题的时候可别奢望能押上高考题。高考时物理的最后一道大题我碰巧在考前几天做过一道类似的填空，还问了同学这道题的解法，否则考试时肯定就写错了。

　　毕业于天津外院附中的优秀生李彦铭同学也说，参考书一定要选好，切忌浪费时间在那些冗滥的书目上。一般来说只要做好各科老师推荐的那一两本书上的题就行了，其他的就真的只是"参考"了。但在这一两本中也要有所选择，追求效率。那么如何使用参考书才能提高效率呢？

1. 两步走

　　（1）先把参考书中不必做的题删掉，然后再做未删的题。

　　（2）先尽力去做题，做完题后再仔细思考较难的题。

2. 三类题不必做

　　（1）已经掌握了的题型不必做。

　　（2）超出高考大纲的题不必做。

　　（3）太简单的题不必做。

3. 三个目的

　　（1）熟悉了原本不熟悉的解题方式和出题思路。

　　（2）对容易出错的知识点也认识得更清楚。

　　（3）节省了时间，提高了效率。

　　只要掌握了这些方法，你就能将参考书的作用真正发挥出来。

030

头尾记忆法，一头一尾最关键

　　美国心理学家荷蒲兰德曾做过这样一个实验：他把12个单词排成一行，让别人来记忆，看哪个词最容易忘记。实验结果表明，没有一个人会记错第一个词和第二个词，第二个词以后错误逐渐增多。第七、第八个词错误率最高。往后，错误逐渐减少。这个实验证明，人们对排在前面和结尾的材料记忆效果最好。

状元经验谈I 我们的好方法

> **刘倩莹**
>
> 北京市高考理科状元
>
> 　　我曾经做过这样一个实验，我找了两篇难度和字数差不多的英文作文来背诵。第一篇我是采用一个小时，连续背诵的方式。第二篇我是采用每天半个小时，用两天背完，总时间还是一个小时的方式。然后，我在大约一天后默写第一篇，再过一天后默写第二篇，发现第二篇的正确率是第一篇的两倍。事实证明，分散记忆比集中记忆的效率要高很多，而且也不容易使人感到疲倦。

陈博雅   天津市高考理科状元

    我经过分析发现，长时间单纯识记一门学科知识的效果不好，因为具有相同性质的材料对脑神经的刺激过于单调，时间一长，大脑的相应区域负担过重，我们就容易疲劳，注意力不集中。于是，我有意识地控制每一科目的复习时间，比如先复习语文要背诵一篇文言文，那就只背诵15分钟，然后再去背数学公式或者例题。这样试了一段时间，我发现就算复习一下午都不会有头昏脑涨的感觉。

    头尾记忆法其实只是增加了学习过程中干扰少的首尾阶段，每次学习时间较短，因此不容易疲劳，复习的效果会好一点儿。那么，复习时具体应该怎么运用这种方法呢？

    （1）在安排自己的记忆时，争取把重要的内容都放在学习时间的开头和结尾去记，这就像是和人讲话，先讲要紧的事，最后再强调一下。

    （2）对于较长的知识点，我们可以根据其内在逻辑对它进行分段，然后分段记忆，这样每个段落都有一个开头和结尾，记忆的效果也会更佳。

    （3）每次在复习相同的内容，如单词、名词或练习题时，可想办法每一次都打乱它们的排列顺序，让不同的内容轮换作为你复习的开头或结尾。

    （4）合理地安排你的记忆计划，组织你的记忆内容，尽量使前后相邻的学习内容截然不同，以减少因内容相近而重复学习。

    （5）在长时间的记忆中，一定要注意休息，时间最好是10~15分钟。这样就在无形中增加了开头和结尾的次数。

    除了头尾记忆法，还有很多这样利用分散时间来增强复习效果和记忆效率的好方法。大家可以根据自己的实际情况灵活加以运用。

031
有针对性的**专题记忆法**

在考前复习阶段，如何才能在有限的时间内达到既定的复习目标？如何才能把杂乱无章的知识厘清呢？这是很多学生面临的难题。在这里，我推荐同学们使用有针对性的专题记忆法。这种方法高效好用，是很多优秀学生推荐的记忆方法。

状元经验谈| 我们的好方法

> 👤 **汪烨**　　　　　　　　　　**湖北省高考理科状元**
>
> 　　对于理综的学习，我的方法是，专题总结。理综的三门学科各有各的特点，我一般会做分类记忆。比如说，物理是三门学科里最灵活、最难的，对学生的理解能力和分析能力要求比较高一些。理综试卷中，物理部分的解答题难度最高，我在平时的学习过程中，下的功夫也最大。我的诀窍是：通过训练，将基本概念转化为解题方法。训练时，我会将试题分解成一个个模块，针对不同模块的学习盲点加强记忆。对于化学的学习，我认为对课本的把握是关键。化学试题基本上属于推断题，实验题是平时学习的重点。此外，正确书写对考试拿高分至关重要，化学方程式的书写一定要规范。生物学科的知识点多且零散，最好的方法就是多回顾。

李翔　　　　　　　重庆市高考文科状元

专题记忆法就是把一类一类的相关问题集中起来当作一个专题，用一些时间把这个专题的内容吃透的学习方法。俗话说，"万变不离其宗"。一个题目，哪怕只是把它的一些数值改变，它就成了另外一题，更不要说一些技巧性的变题。从这个意义上说，专题记忆就是通过有限的同类问题的解答分析，找到题目后面不变的"宗"，真正掌握了这个"宗"，在遇到新题时，你就可以同样轻松地将其解决掉。当然，老师也要带领我们进行专题复习。通过对相关知识点的集中练习，促使我们理解基础理论，熟悉解题过程。但是，对每个人来说，这个过程并不完美。因为我们在学习的时候，对知识的吸收度是不相同的，这种普通的复习方式并没有照顾到我们的薄弱环节。而自己进行的专题复习针对的则是我们自己，是那些我们不明白的问题，因此更具有现实意义。

读了上面两位状元的经验，我们不难了解，知识是一个整体，课本中的章节往往是人为编排的。因此，大家对课本知识熟悉到一定程度后，就要打破章节的界限，尝试从不同的角度，按照某一个重要规律、某一个线索，梳理出跨越章节的内容之间的联系，归纳出知识的体系，进行专题记忆。具体来说，大家应该从以下两个方面入手。

1. 把书中的知识分割开来，成为一个一个的点

同学们记忆时可以先把课本中每一节的要点总结出来，并记准记牢。比如学习历史时可以按照课本的编排，把每一个朝代都讲到的政治、经济、文化、外交等内容划分出来，作为一块一块独立的知识点。"把书读乱"，实际是从多个不同的角度对知识有一个进一步的记忆和理解，这是一种加深对知识点理解的记忆方法。

2. 提取专题，用与课本目录不同的另一条线，把知识点串起来

以历史为例，在熟悉课本内容之后，同学们可以打破各个朝代的划分，尝试找出不同章节的要点之间的深层联系，进行系统的归纳整理，形成不同于课本章节的整体框架。

除此之外，在运用这种方法的时候，同学们还可以边记忆边整理，具体要注意以下三点。

（1）补充提示。补充听课时漏记的要点或复习时的新体会、新发现，提示教材的重点、关键，或正确思考的角度、方法等。

（2）综合归纳、概括各知识要点，写出内容摘要。

（3）梳理知识，抓住知识之间的联系，编出纲目。

第4章

分科记忆：
记忆也要"术业有专攻"

　　我曾经在理科班的学生中做过一个调查，问他们为什么在分科时选择了理科而不是文科。得到的回答可谓多种多样，但有一点是共通的，那就是文科要记忆的内容实在是太多了。这部分同学的顾虑确实有一定道理。

　　我曾教过一名学生，他记忆起历史知识来很轻松。他是用顺口溜的方式记忆的。事实上，这位同学的记忆方法并没有多特别，但是这个方法适合记忆历史，所以他记起来毫不费力。因此，不管文科还是理科，适合的记忆方法才是让学习事半功倍的诀窍。

032
语文记忆重在积累

　　高中语文的知识点比较零散，除了各种音、字、词、句等基础知识需要记忆外，诗歌、散文和文言文的背诵常让学生们叫苦不迭。其实，语文记忆的关键还是要靠平时的积累，一口是吃不成胖子的。那么，都有哪些方法可以积累语文知识呢？同学们不妨先看看各位状元有什么好方法！

状元经验谈丨 我们的好方法

👤 吉淳	江苏省高考文科状元

　　用"联奏记忆法"来记忆作家、作品方面的文学史知识，往往可以收到很好的效果。我们看这样的"串台词"："有一天，莫泊桑拾到一串《项链》，巴尔扎克认为是《守财奴》的，都德说是自己在突《柏林之围》时丢失的，果戈理说是泼留希金的，契诃夫则认定是《装在套子里的人》的。最后，大家去请高尔基裁决。高尔基判定说，'你们说的这些失主都是男人，而男人是不用这东西的，所以，真正的失主是《母亲》'。"这样一编排，复习时就如同欣赏一组轻快流畅的世界名曲联奏一样，于轻松愉悦中不知不觉就将知识牢记下来。

彭钦一　　　　　　　　福建省高考理科状元

　　常用词语和成语的用法是基础知识考查的重点，虽然属于记忆型题目，但是一些同学因为前一阶段学习时基础没有打牢固而不得不一边上新课一边补旧课，从而使这一部分本来并不艰深的知识成为薄弱环节。鉴于此，对于常用成语和词语的复习最好在复习字音与字形时就适时展开。理解和记忆成语时可以使用一些小窍门，比如有些成语只要将它拆成单字，按照"一、三、二、四"或"二、四、一、三"的顺序重新组合，就能得出它的词义。如"深情厚谊"可以重新组合成"情谊深厚"，于是它的词义便是"情谊很深厚"。又如"眉清目秀"可以重新组合成"眉目清秀"，于是它的词义便是"形容长得很漂亮"。

李卓雅　　　　　　　　湖北省高考文科状元

　　初二、初三两年，我坚持每天阅读10个词语解释和两首诗词，高考试题中的诗词鉴赏题正是我在初三时阅读过的。你可以说这是一种运气，但我觉得这种运气是建立在坚持不懈的阅读基础上的。高考我的语文成绩达到了138分，可以说这与小学和初中打下的扎实基础是分不开的。另外，我还要介绍一下"强记"法。此法的关键在于后一个字"记"。我在高中三年的学习中，除了语文，其他的科目都没有笔记。但我的语文笔记记下来的内容也不全是老师在上课时讲到的，而是有很多课外的知识。比如，老师平时在课下发给我们的古诗词、对联，文言实词、文言虚词的一些经典用法，自己不认识的字、词和发不准音的词语，还有一些趣味读物的内容（作家的生平介绍、代表作品等），虽然有些杂，但是很全面。空闲时，我就会拿着这个本子，反复地翻看，知识点自然而然就记住了。

　　以上三位高考状元分别是用联奏记忆、记成语和背解词的方法来记忆语文的。这些方法你试过吗？除了这三种记忆语文的方法，我再给同学们推荐下面几种好方法。

1. 看电视、听广播学多音字 ✏️

在看电视、听广播时，大家可以注意一下多音字的问题。将看到和听到的多音字记录在一个本子上，闲时翻开看看，也有助于对多音字的记忆。这个方法其实也可以用来积累其他语文知识，如名句、成语、文章精彩段落，对一个事件的不同观点，等等。语文是我们的母语，只要我们做个有心人，就一定能够学好语文。

2. 用卡片做读书笔记 ✏️

读书时遇到好词好句，可按照写人、记事、写景、状物等分门别类地摘记下来，再按书卡分类存放。存放时要按类别编上号码，写出标题，以便使用时查找。卡片具有携带、使用方便的特点。每天拿出几张卡片读一读、背一背，日积月累，脑子里积累的词汇、材料就会越来越丰富。

3. "听"作文素材 ✏️

作文的材料不一定要来自书本，它的积累方式可以是多种多样的。同学之间的闲聊也可以为你提供很多材料，他们聊天过程中的很多历史史实和名人逸事都可以成为你写作时的重要论据。听歌、听演讲时也可以把许多歌词和演讲词收入你的资料库。

语文成绩的提高靠的不是一朝一夕的功夫，而是长年累月的积累。希望各位同学能够找到适合自己的记忆语文的方法并且坚持下去。

033
学数学主要记基础

　　有些同学可能认为，数学主要靠做题，没多少可记的东西。的确，与文科相比，甚至与同为理科的化学相比，数学的记忆量的确不大，但这并不表明学习数学就无须记忆。公式、概念等基础知识都是学数学首先要记住的内容。从高考状元们的经验谈中不难看出，他们都很重视对数学基础知识的学习。

状元经验谈| 我们的好方法

> 👤 **王子瑾**　　　　　　　河南省高考文科状元
>
> 　　以前在做数学题核对答案时，常常会百思不得其解，因为整个解题过程的每一个步骤都没有错误，但就是最后的结论不对。一直检查到最后才发现，原来是在最初的概念理解上出现了偏差。这样的失误浪费了我大量的宝贵时间，而且常常被弄焦头烂额，实际上犯下的只是一个低级错误。所以，我在后来的数学学习中非常重视对概念的理解，在这个基础上，我的数学成绩有了大幅提高。

👤 **郑苇如**　　　　　甘肃省高考文科状元

　　数学，从初一起就是我的"老大难"，中考时就让我吃过大亏，上了高中以后成绩仍未见起色。后来，我只好鼓起勇气去请教数学老师。她第一个问题就问得我哑口无言——从高一到高三数学书共有几册，每册又分几章？看到我一脸尴尬，她笑着指出我的毛病：只会就题论题，不熟悉课本基础知识，不能融会贯通，不会归纳题型，无法做到举一反三。于是，我决定首先回归课本和笔记，把各章要点和基本题型列成提纲，反复琢磨。我不再像以前那样乱做题了，而是做一道题先分析题干，画出关键字词和条件，辨别它考查了哪几个知识点，再想需要用什么方法来解决。

👤 **张思伟**　　　　　贵州省高考理科状元

　　高三的时候，我再次翻开从前的课本，觉得许多原来学得很吃力的内容竟然变得简单了，也发现不少知识有些陌生。有的同学认为学数学只要多做题就可以，因而忽视了课本的重要性，其实知识都在课本上，只要把握住了基础就可以以不变应万变。

　　学习数学就是要学会通过逻辑推理或运算来沟通问题的假设条件和结论，而其基础就是要充分并恰当地借助定理、公式、法则和基本例题。那么具体该怎么做，才能够夯实基础呢？

1. 回归课本 ✏️

　　（1）弄清高中三年共有几册书，每册有几章，每章有哪些知识点。

　　（2）掌握每章有什么基本题型。

　　（3）将知识框架和基本题型列成提纲，反复地看。

2. 记忆概念和定理

（1）机械抄写。这是为了在抄写的过程中强化自己对概念的熟悉程度。

（2）尝试"自己证明"。这会进一步增强自己对概念或者定理的信任度。

（3）做题运用。通过这一过程检验自己的学习情况，同时也是一个重新学习的过程。

（4）总结检查。做完题目以后一定要认真总结，自己已经熟练掌握的知识点要做到举一反三。

3. 背例题

（1）在作业本上工工整整地抄下每一道例题，熟悉题型。

（2）合上书本（千万不可先看解法再解题），按书上的解题步骤、解题方法认真解题（绝不能马虎或删减、省略）。

（3）解答完毕后再翻开书本参照例题——对照，看解题方法、步骤是否与书中一致。如果解答与书中的方法、步骤完全相同，那你就真正理解并掌握了这一题型。如有不同，分析原因，寻找自己存在的知识盲点和解题方法的利弊。

（4）订正并记忆。

基础知识于数学就如树之根、水之源，你只有把数学的基本框架和基础知识都烂熟于心了，才有可能逐步提高成绩。

034
背单词——快速提高英语水平

学习英语是一件很不容易的事，因为你必须把成千上万个单词、成百上千条语法，乃至不规则拼法、习惯用语等，都一一记入脑中。英语的记忆效果和别的科目有很大的不同，如果说别的功课，如语文、数学，记多记少或许一时还显现不出来，而英语则不一样，多下一分功夫，多记一个单词，都有可能会马上显现出来——你记住了这个单词，别人没记住，你就比别人强。

状元经验谈I 我们的好方法

👤 郭怡辰	四川省高考理科状元

我认为想要学好英语，就要把它看作是随时随地的事。比如，走在街头时，多注意一些英文招牌，留意其中不懂的单词，回去记下来。长期下来，通过这种方式就能积累不少词汇。除此之外，平时多接触些英文歌曲、电影，其中的歌词和对白都有助于我们积累词汇量。在反复地听英文歌曲和英文对白的过程中，很多单词和句型就深深刻入了我们脑子里，用的时候也很容易脱口而出。

👤 **董小华**　　　　　内蒙古自治区高考文科状元

英语的学习经验，我认为就是坚持不懈地练习，一点一滴地积累。英语的知识点看似零散，实际上彼此之间联系很紧密。因此每当上英语课时遇到新词，我都会及时辨别是否为以往词汇的派生词。如果听到老师讲到一个知识点，也会马上回想以前讲过的类似语法。词汇是英语的基础，虽然我并不是要把词汇当作知识来学，但是多背一点儿对于做阅读题和写作文都有好处。

记忆英语单词是一项很艰苦的工作，尤其是高中英语，单词量很大。因此，要想记住大量单词不能单靠死记硬背，还要掌握一些技巧。

1. 联想法 🖊

这个方法就是将新学的单词与学过的有关联的单词联系起来记忆。如"Jewish（犹太人的）"，可与单词"Jew（犹太人）"联系起来记忆。

2. 早晚法 🖊

睡前：把当天英语课上学到的单词和含有这个单词的例句分两行抄在白纸或本子上，如"bread"：We eat much bread. Please pass me two pieces of bread. 下面接着抄写其他的单词和句子。

早起：不要做其他的事，尽量回忆前一天临睡前记过的单词和句子。也许你只能回忆起其中的几个单词或句子。等到实在回忆不出来时，再看昨天写过的纸。这样再复习两遍，加深记忆。

3. 循环记忆法 🖊

把单词分成若干小组，依次排列起来，每新学一组或两组单词再返回前面去复习和巩固学过的各组单词，这种周而复始的记忆方法就是循环记忆法。

除了以上几种记忆单词的方法之外，大家在遇到难的短语或者难以记住词汇的时候，还可以采用笔记的方法将它们集中起来，分类比较，来帮助记忆。具体方法如下。

（1）准备一个专用的笔记本，将单词分为动词短语、介词短语、名词短语、其他短语等几类，进行总结。

（2）根据大纲词汇要求或平时做题的经验，在笔记本的每一页上写一个出现频率高、短语搭配多且易混的中心词，比如介词中的"at""in""as"，动词中的"get""come""turn"等。

（3）开始集中整理，首先可以从大纲词汇表上摘录下相关短语，然后在每次阅读中和做习题时遇到相关短语就及时摘录下来，并随时补充整理。

（4）有一点需要注意，就是每一页的正面只写英文短语或者词汇，并试着自己造一个简短易记的例句；在这一页背面相应的位置写明中文意思。

035
记住物理概念的**三个方面**

物理可以说是中学各科中最难学的一科。原因有两个：一是物理与数学几乎是绑定的，对物理知识的运用，最终都要落实到数学计算上。数学不好的同学，自然也很难学好物理。二是物理中的概念几乎都是抽象的，需要很强的思维能力和想象力，不少同学记忆起来倍感困难。因此，学好物理，记好知识要点，要从两方面入手：一是弄懂；二是结合实际运用。

状元经验谈| 我们的好方法

> **杨倩**　　　　　湖南省高考理科状元
>
> 物理概念比较抽象，常常难以理解和记忆。所以有必要对抽象的物理概念进行形象处理。例如在学声音一章的时候，声音的高低、大小、品质都是与声音紧密联系在一起的，辅之以必要的演示，可以得出声源、音响、响度、音色等概念。将抽象概念形象化有利于我们对概念的理解。

👤 **余乐平**　　　上海市高考理科状元

对于物理，我感触最深的一点就是一定要深刻理解知识点，而不是表面的"懂"，这主要体现在选择题上。选择题一题6分，而且几乎没有多余的时间回过头来检查，这就需要极高的准确率。而选择题大多是考概念的，很少需要计算。鉴于此，我每天早读时都会花20分钟的时间把书上的概念翻一遍，那些不太熟悉的知识点就着重看。尤其是每次考试之后，我都会对照试卷，看每道题目所涉及的概念有哪些。那些导致我出错的概念问题则是我重点"攻坚"的对象。

从以上两位状元的学习心得中，我们不难得出一个结论：对物理这门课程来说，掌握概念是首先也是一定要完成的任务。那么，怎样才能充分掌握物理概念，并且将它们融会贯通呢？主要从以下三个方面入手。

1. 归纳概括 ✐

要将物理概念进行归纳和比较，将同一类型物理现象的共性找出来，概括并说明本质特征。例如："质量"概念。各个物体的物质组成不同，但"物体所含物质的多少"就是物体的共性，即质量；它与物体的形状、所处的状态、地理位置和温度无关。

2. 联系实例 ✐

抽象概念的理解是困难的，如果把"概念"放在实例中去记忆、去理解，就要简单得多，也就容易区分相关因素和无关因素，找出共同特征。如"蒸发"概念，对应水在任何温度下都能蒸发，且需吸热，就能够很快地对"蒸发"的概念理解透彻。

3. 内涵与外延 ✐

不能将物理概念任意外推，否则就会导致概念与事实不相容的矛盾。

例如："惯性"这个概念，它说明一切物体都具有保持其原来运动状态的性质，物体运动还是静止，不是因为物体是否受力，而是由于物体具有"惯性"。而受力与否，是决定物体运动状态变化与否的必要条件。古希腊科学家亚里士多德认为"力是维持物体运动的原因"，他的错误之处就在于没有概括出物体运动的本质特征。

另外，按照以上三个方面要求记忆物理概念后，还要通过以下五点来验证自己是否真正掌握了这一概念。

（1）会表述：能熟记并正确地叙述概念、规律的内容。
（2）会表达：明确概念、规律的表达公式，以及公式中每个符号的物理意义。
（3）会理解：能掌握公式的应用范围和使用条件。
（4）会变形：会对公式进行正确变形，并理解变形后的含义。
（5）会应用：会用概念和公式进行简单的判断、推理和计算。

一个物理概念，只有做到以上"五会"，才算真正掌握了。

036
图表图例法记化学

　　初中化学是化学教育的启蒙，注重定性分析，以形象思维为主，学习的内容也是一些最基础的化学知识和技能，记忆的难度较低。而高中化学概念更为抽象、学习进度快、知识点分布较广且散，记忆的难度较高。高中化学知识如此零散，有没有什么化零为整的记忆方法呢？

状元经验谈I 我们的好方法

> **👤 林达**　　　　广西壮族自治区高考理科状元
>
> 　　由于化学这门科目的知识分布较零散，老师通常按照章节进行讲解，记忆起来有点儿困难。为了使各个章节的知识连成一张网，我利用暑假时间，把之前所学的化学知识进行了系统的归纳和整理，在脑子里形成了一张化学的知识网络图，以后碰到问题时只要简单地"搜索"一下就能找到知识点了。这为我日后的复习奠定了良好的基础。

> **👤 徐师昌**   江西省高考理科状元
>
> 　　理综是我整个高中学习中比较擅长的科目，所以我很早就总结出了自己的学习方法："图表图例法"。以化学为例，经过不断的学习和摸索，我发现所有的化学知识点之间都或多或少地存在着联系，而这些联系为我的学习减轻了不少负担。后来，我试着将这些联系写出来、画出来，就形成了一种类似蜘蛛网的图表，我称它为"图表图例法"。这种图表的内容可以分为很多种，有的表是一个章节里的内容，有的是一本书里的内容，也有的是无机化学的内容或有机化学的内容。这样的表可大可小，而且各个知识点之间联系紧密，有利于复习。

　　不难看出，以上两位状元在记忆化学知识时都在用一种好方法：图表图例法。那么他们所说的这个图表图例法真的这么有效吗？我们来看看吧。

1. 列一列图表 🖊

　　将学到的知识点归纳、总结到表格中，会利于我们掌握知识之间的联系和区别，方便我们记忆。

晶体类型与性质

结构与性质 ＼ 晶体类型		离子晶体	分子晶体	原子晶体	金属晶体
结构	组成粒子	阴、阳离子	分子	原子	金属阳离子和自由电子
	粒子间作用	离子键	分子间作用力	共价键	金属键
物理性质	熔沸点	较高	低	很高	有高有低
	硬度	硬而脆	小	大	有大有小、有延展性

续表

结构与性质 晶体类型		离子晶体	分子晶体	原子晶体	金属晶体
物理性质	溶解性	易溶于极性溶剂，难溶于非极性溶剂	极性分子易溶于极性溶剂	不溶于任何溶剂	难溶（钠等与水反应）
	导电性	晶体不导电；能溶于水，其水溶液导电；熔化导电	晶体不导电；溶于水后能电离的，其水溶液可导电；熔化不导电	不良（半导体Si）	良导体（导电传热）
典型实例		NaCl、NaOH、Na_2O、$CaCO_3$	干冰、白磷、硫黄	金刚石、SiO_2、晶体硅、SiC	Na、Al、Fe、Cu、Zn

2. 画一画图例 ✏️

图例在一定程度上也可以起到跟表格一样的作用，即帮助我们厘清知识点之间的关系，让知识变得简洁且利于我们记忆。

除了图表图例法，同学们还可以用一个活页本，按章或自己容易分辨的标准，把课堂上或习题中筛选出来的不熟悉的零散知识分类记录下来。因为是活页，可以随时添加，方便有效，对于爱记化学笔记的同学来说非常适用。

037
生物得高分的**三个小诀窍**

生物虽然属于理科，但它却具有很明显的文科特点，课本中的知识零散且非常重要。但是生物也不单单只需要记忆，它还需要一定的推理和实例来帮助我们加深对各个生物反应和概念的理解。可以说，要想在生物这门学科上拿高分，不掌握一些小窍门是不行的。

状元经验谈I 我们的好方法

> 👤 **石啸天**
>
> **重庆市高考理科状元**
>
> 　　生物学中有很多重要的、复杂的内容不容易记忆，我们在学习时，可将这些知识的核心内容或关键词提炼出来，作为知识的纲要，以方便我们记忆。例如，高等动物的物质代谢虽然很复杂，但也有一定规律可循。无论是哪一类有机物的代谢，一般都要经过"消化""吸收""运输""利用""排泄"五个过程，这十个字就可以当成我们记忆知识的纲要。

👤 **王震霆**
湖北省高考理科状元

针对埋头做题的同学，建议大家把生物书上的每一个字都认真看一遍。生物有点儿像文科学科，有些知识需要记忆，所以我会把生物教科书，以及写在书上的课堂笔记逐字逐句看几遍。每看一遍，都能发现一些新问题。另外，生物一般会考一些课本里有的，但是老师平时很少讲的知识点。比如，高考时有一个关于生长素的题目，书上有一个小表格，老师好像上课没有强调过，但是我背了，高考时就考到了，我很开心。

👤 **陈秀野**
北京市高考理科状元

生物这门课需要背诵的东西很多，书一定要一遍一遍地看，要看清其中的每一个细节，因为绝大多数题目都是直接或间接源自课本。对于高二或将上高二的学生来说，学有余力者应该回头看看初中的生物书，因为高中生物的教材和一些题目都默认大家初中学过的生物知识，并在此基础上进行深化。如果把以前学的知识忘得很干净，做题的时候可能就不太顺利。经常有一些别人能做出来的题，你根本就看不懂，甚至看完答案也不理解，所以如果有精力的话不妨把以前的生物书再看一看。

从以上三位状元的经验谈中不难看出，他们学习生物的小窍门不外乎三点：记忆、理解和把握知识点脉络。那么，如何才能将零散的生物学知识点整理成一条脉络，并且更加方便自己记忆呢？

1. 先记忆，后理解 ✏️

与学习其他理科科目一样，生物学的知识也要在理解的基础上进行记忆，但是，高中阶段的生物学还有着与其他理科科目不一样的特点。对于大家学习了许多年的数学、物理、化学来说，这些学科的一些基本思维要素我们已经一清二楚，比如：数学中的未知数x，化学中的原子、电子和物理中的力、光，等等。而对于生物学来说，我们要思考的对象即思维元素却是陌生的细胞、组织、各种有机物和无机物及它们之间奇特的逻辑关系。因此，我们只有在记住了这些名词、术语之后才有可能掌握生物学的规律，即所谓"先记忆，后理解"。

2. 理解重点知识，读书做到"4W1H"

对于一些重点和难点知识，大家要深刻理解。如何才能深刻理解呢？大家读书时要时时思考"4W1H"。

Who：谁或什么结构？

What：发生了什么变化或有什么？

How：怎样发生的？

When：什么时间或什么顺序？

Where：在什么场所或结构中发生的？

3. 弄清知识内在联系

在记住了基本的名词、术语和概念之后，我们就要把主要精力放在学习生物学规律上来了。这时大家要着重理解生物体的各种结构、群体之间的联系，也就是注意知识体系中纵向和横向两个方面的线索。

比如在学习细胞的结构时，我们会学习许多细胞器，那么这些细胞器的结构和功能有何不同呢？这需要大家做了比较才能知道。

其实，学习生物单靠死记硬背是绝不可能学好的，你必须根据生物学科的特点，掌握科学的学习方法，才有可能真正学好这门学科。

038
牢记地名是学好地理的基础

地名于地理学科的重要性，如同英语中的单词一样。牢固掌握地名，能在图上确定它们的位置，是学习地理的基本要求。那么，地理课本上的地名那么多，是不是全部都要记住？有什么好方法能帮助同学们记忆呢？

状元经验谈I 我们的好方法

 张诗佳

陕西省高考文科状元

地理中有不少国家、省（区）、河流等的轮廓或形状要识记。如何准确又便捷地把它们记住？不妨采用看图形象记忆法，展开丰富的想象。各大洲或国家，如非洲大陆的轮廓像是一个梯形和三角形的组合，意大利的版图则像一只穿了高跟鞋的脚在踢足球。省（区）类，如青海省的轮廓像是一只兔子，黑龙江省的轮廓像是一只天鹅，江西省的轮廓则像是一幅束了发髻的女人头像。河流如长江呈"W"形；黄河则呈"几"字形；上海段像是长江这条巨龙的头，江苏、安徽段则是龙颈。这样就便于我们记忆了。

马博恩

宁夏回族自治区高考文科状元

学习地理首先书上的知识一定得懂，一定要去背，但不能死记硬背，而是要在理解的基础上去背。做题时要从基础做起，再自己总结大体规律（问气温降水，就要考虑地形、气候、海陆位置、是迎风坡还是背风坡），所以一定要积累和联想，再做能力题、开放题，一道题想出不同的解释，做到举一反三。这就是我学习地理的方法，希望能对大家有所帮助。

王子君

浙江省高考文科状元

我们可以把所要记忆的地理知识与人们熟悉的事物联系起来进行记忆。恰当的比喻记忆能够使抽象的内容形象化，枯燥的内容趣味化，复杂的内容简单化。例如，记忆气压带、风带的季节移动时，可比喻为燕子的季节迁徙；记忆太阳系八大行星中卫星数最多的行星——土星时，可以将其比作土霸王。

地名是地理知识的骨架和基础，在地理学习中有着十分重要的地位。记地名不能仅靠死记硬背，而应讲求方法和技巧。根据以上几位状元的学习经验，结合我多年来对地理学科的研究，为大家介绍以下三种记忆地名的方法，相信对大家会有一定的帮助。

1. 区分主次，区别对待

地理课本中的地名虽多，但重要性各不相同，大致分为三级。一级地名是最基本的，包括世界的大洲、大洋，各洲主要地形区，重要河湖、海峡、海湾、边缘海，大的群岛、半岛及岛屿。中国的省级行政区（包括简称），行政区的政府驻地，主要地形区、河湖、岛屿，邻海，邻国等。二级地名是世界地理重点讲授的国家及其首都，重要城市和港口，起重要作用的地形（如恒河平原），资源产地（如北海油田、纽芬兰渔场）。中国的资源产地，主要工业基地及城市，主要河港、海港、铁路枢纽，主要农业基地（如九大商品粮基地），著名的游览地。三级地名使用频率低，大多不必专门记忆，如卑尔根。

2. 运用地图记忆 🖉

地名与地图不可分割，初学地名，一定要在地图上找出正确位置，注意它与"左邻右舍"的关系。如长江中游干流呈"W"形，武汉位于中间转折处，西边和东边的拐弯处分别是洞庭湖和鄱阳湖。此外，可运用地图"旅行"来进行记忆，如选择从北京到重庆乘火车南下，可把途经的城市、山脉、河流等名称联系起来，便于记忆。

3. 联系地名的意义记忆 🖉

如死海是因含盐量高而无生物生存而得名。还有的地名涉及语源关系。如Los Angeles（洛杉矶）是西班牙语中的"天使们"之意，表明西班牙人进入中美洲后来到这儿，该地便以西班牙语命名。

掌握了这些记地名的好方法，学习地理就不会费力了。

039
用**公式法**记历史真轻松

　　高中历史考试特点是史论结合、知识点多而交叉，这也使得高中历史记忆起来很容易混淆。除了常用的文科类的记忆方法外，大家其实还可以用理科的方法去记忆历史，比如公式法。

状元经验谈 | 我们的好方法

> **👤 于成亮**
>
> 河南省高考文科状元
>
> 　　历史课本上的知识点就像一粒粒珍珠，如果我们能找到一根线把它们穿起来，就成了项链。在这里，贯穿前后的问题就是线，课本的相关知识就是珍珠。如"近代以来科学技术的辉煌"一节中"三次科技革命"的复习：蒸汽机的发明推动了第一次工业革命的开展，人类社会进入蒸汽时代；发电机和其他电力技术的发明出现，促进了第二次工业革命的到来，人类社会进入电气时代；以互联网为代表的信息技术迅速发展，极大地改变了人们的生活，人类社会进入信息时代。然后记住重大的发明。

👤 袁帅
湖南省高考文科状元

历史课内容繁多，头绪纷杂。但许多历史知识又是相互渗透、相互融通、相互影响、相互作用的，它们之间有着必然的、密切的联系。因此，在历史复习中，采取纵横联系的方法，既可使历史知识化繁为简，条理化、系统化、整体化，形成一定的知识体系，又可使历史复习获得事半功倍的效果。

👤 杨维思
云南省高考文科状元

我学习历史的经验是，在回答一些复杂的历史问题时，如同解数学习题一样也可以总结归纳出一些基本公式，然后按公式来记忆和解答。如历史事件＝时间＋地点＋人物＋简单过程＋结果＋意义，经过＝准备＋发生＋结果，意义＝作用＋特点＋影响，人物＝姓名＋时代＋事迹（包括思想、活动或著作）＋影响，作品＝作者＋成书年代＋内容＋意义（或影响）。用这种方法可将复杂的内容进行简化，形成网络来记忆。

其实，三位状元的学习心得总结起来只有一个中心思想，那就是要学会高度概括地去记忆历史知识，让整个知识系统变得明了、有条理。用公式法记忆历史知识，正好可以克服历史学科"一大片""不明确"等弱点。具体来说，你可以按照下面两点来做。

1. 分类加减法 ✏️

（1）事件＝时间＋地点＋人物＋经过＋后果＋影响

（2）人物＝姓名＋时代（国名）＋职务＋作为＋评价

（3）作品＝时间＋作者＋内容＋意义

（4）会议＝时间＋地点＋人员＋内容＋作用

（5）条约＝时间＋地点＋签订双方＋内容＋影响

（6）改革＝时间＋改革人＋内容＋意义

（7）战役＝时间＋作战双方＋经过＋后果

2. 通用加减法 🖊

如第二次世界大战，可记：经过＝四次突然袭击（突然袭击波兰，丹麦和挪威，苏联，珍珠港）＋六次主要战役（不列颠空战、莫斯科战役、中途岛海战、斯大林格勒战役、库尔斯克战役、攻克柏林）＋三次登陆（北非、西西里、诺曼底）＋四次重要会议（开罗、德黑兰、雅尔塔、波茨坦）＋反法西斯统一战线＋各国反法西斯斗争。这就是第二次世界大战的主要历史事件。

又如记美国总统罗斯福政绩，可以从以上公式中减去四次突然袭击，再减去不列颠空战等，最后减去波茨坦会议，然后加上其新政：政绩＝反法西斯统一战线＋中途岛海战＋三次登陆＋三次会议＋罗斯福新政。

如此看来，文理科的学习方法是互补的、互相促进的，只要运用得当，理科的学习方法在文科中也会取得意想不到的效果。

040
让政治不枯燥的**三步记忆法**

　　总体来说，要学好政治就要处理好"死"与"活"的关系，"死"指的是基本概念和基本原理，一定要准确全面把握；"活"指的是要能够联系实际进行活学活用。因此，同学们要充满兴趣、主动地去感知政治、研究政治，而不是被动地去背诵政治。

状元经验谈 | 我们的好方法

 鲁婕

贵州省高考文科状元

　　高中政治与初中政治很不一样，背诵的成分少了，灵活运用的成分多了。大部分题都是要求运用课本上的原理去分析时事。因此，首先必须把课本上的每一条原理都记清楚，记的时候尤其要注意准确性，因为差一个字有可能说法就完全不同了。其次是时事。掌握时事有许多渠道，可以听新闻、看报纸或者听老师的讲解。你还可以买一本讲解时事的书，把原理先列在一个本子上，再把可以用哪个原理分析的时事内容写在那个原理下面，复习的时候再看一遍，效果会很好。

👤 高羽洋
陕西省高考文科状元

　　学习政治，最关键的一点就是要会运用课本上的知识来分析时事热点。在阅读报纸时，我们可以特别关注时政版的新闻，我们在看电视时也多注意看时政类的节目。在看的过程中，不要只注意上面的评论，还可以根据所学的政治原理进行总结分析，然后与报纸、电视上的内容进行比较。经过一段时间，我们的综合分析判断能力必然会有很大的提高。

👤 孙曦
江苏省高考文科状元

　　我们在学习政治这门课的过程中，要注意找到事物的规律，以帮助我们牢固记忆。例如，我们根据对立统一规律就能熟记内因和外因、主要矛盾和次要矛盾、矛盾的主要方面和次要方面、矛盾的特殊性和普遍性、量变和质变、新事物和旧事物的关系等。

　　高中政治课的一个突出特点就是记忆型的东西比较多，并且大多概念比较抽象，这就使大部分同学在实际运用时容易"卡壳"。其实，只要掌握了正确的记忆方法，政治其实一点儿也不枯燥。总体来说，要想将政治记好、用好，需要以下三步。

1. 熟读课本，准确完整地记忆基本观点和概念

　　学习政治课的核心要求就是树立正确的思想政治观点。教科书对基本观点的表达具有准确、精练、完整的特点。因此，要想把政治中的各个基本观点和概念记得完整准确，必须先牢牢掌握课本知识。你可以运用以下这些方法来熟读政治课本。

　　（1）提问法。边阅读边思考边提问，带着问题阅读并设法解答问题，学与思相辅相成。

　　（2）提纲法。在阅读时抓住教材的主要内容，并在阅读后形成知识结构体系。

（3）标记法。这是边读边在教材上做各种标记、符号和批注的一种阅读方法，比如用"_____"标注重点内容，用"？"标注疑难等。

2. 抓住内涵，理解记忆 ✏️

对于政治课的每一个观点，我们可以从三个方面去理解记忆。

（1）"是什么"，就是先了解主题，提出观点。

（2）"为什么"，就是阐述这个观点的意义。政治课程的编写者，往往通过正反论证、对比论证来表达观点。

（3）"怎么样"，就是要深入了解内容，记忆重点内容。

3. 放眼天下，与时俱进 ✏️

政治是时效性很强的科目，它的考试范围肯定会涉及当前一些时政要闻、社会热点。了解时事的途径非常多，比如看《新闻联播》、阅读报纸、看《半月谈》等。在看时政热点的同时，针对具体事件进行分析，养成这种好习惯就不怕答实际运用题时没有话说。

如我国"神舟五号"飞船成功发射，杨利伟受到中央领导的表彰，获得"载人航天英雄"称号，载人航天工程的总设计师王永志获国家科技进步奖，对这一热点同学们也可以在自己的脑子里做如下解剖。

（1）从时事政治的角度去考察这一历史大事件的前因后果。

（2）杨利伟、王永志受嘉奖说明了什么？

（3）我国载人航天精神的主要内容是什么？

（4）载人航天精神给你什么启示？（从成才、发扬艰苦奋斗精神、创新精神、科教兴国角度回答）

（5）我国载人航天为什么能取得成功？

同时，同学们还要注意，高考对政治的考查，并不是单纯地对时事进行考查，而是将社会热点、重大社会现象或事件等融入其中，依据课本内容作答因为考试本身是不会偏离"以课本为中心"这一宗旨的。

第5章

自主记忆：

让大脑越记越灵活的十种方法

　　近年来，我在参加课堂教学改革会议时经常听到这样一些优秀的教育观念：启发式教学、素质教育、研究性学习等。在我看来，这些观念的价值就在于，它们指出了在教学中发挥学生学习的主体作用，挖掘学生自主学习的潜能的重要性。我通过多次调研发现，能够发挥自主学习能力的学生确实要比被动学习的学生记忆力更强、学习效率更高、综合能力更强。因此，同学们要想从根本上提高学习能力和记忆的效率，自主记忆是关键。接下来，我就为大家介绍十种自主记忆的好方法，相信会对大家有帮助。

041
课堂笔记：边整理边记忆

　　在平时的教学过程中，我常向同学们灌输这样一种观点：自习是最重要的记忆时间。因为这是培养你独立思考和自主记忆能力的最佳时段。但很多同学在自己学习的时候却不知道从何记起。那么，我现在告诉你，不妨从整理课堂笔记、加深课堂记忆开始吧！

状元经验谈| 我们的好方法

> 👤 **王浩**
>
> 贵州省高考文科状元
>
> 　　要想学习好，整理笔记不可少。很多同学都不理解我为什么晚自习时总是在整理笔记。他们觉得记笔记就是抄抄写写，上课时大概记一下就可以了，用珍贵的晚自习时间来整理笔记有点儿因小失大。但是我觉得，笔记对于高中的学习来说至关重要，一本好的笔记能够帮助我们回顾知识点、把握课本的纲要；我们在不断整理完善笔记的过程中，还能加深对知识点的记忆和理解。总之，整理课堂笔记是有百利而无一害的。

刘诗雨

江苏省高考理科状元

无论做什么事都要有明确的目的，学习尤其如此。目的越明确，学习积极性就越高；目标越宏伟，为实现目标所付出的努力就越多，学习意志就越坚定。正是知道这一道理，我每次都会为自己设定一个学习目标，就连自习时也是如此。由于我写字的速度比较慢，每次课堂笔记都记不全，课下的时间又太少，所以，后来我就干脆把整理课堂笔记这项任务归到自习时间中去了。这样一来，自习时我不仅完成了笔记的整理工作，而且还间接地复习了白天课上所学的知识，可谓一举两得。

妙盈

上海市高考文科状元

自习时整理笔记，有人不赞成这样做。但我认为这是做好笔记的一个重要环节，这样做，学习效果比多看几遍书要好得多。因为教科书较厚，以后复习时要抓住重点比较困难，而根据自己掌握知识的实际情况整理出来的笔记，突出了内容的重点、难点。虽然整理笔记要花去一定的时间，但是整理好的笔记更适合自己阅读、复习。同时，整理笔记的过程也是自己进一步消化、理解课堂上所学知识的过程。因此，花这个时间整理笔记是值得的。

可见，整理笔记不但能够让大家的知识脉络变得更为清晰，而且在日后的高考大复习中更是有举足轻重的作用。下面，我就为大家介绍一下简单实用的整理笔记六步法。

1. 忆 ✏

"趁热打铁"，课后抓紧时间对照书本和笔记，及时回忆有关的信息。实在记不起来，可以借同学的笔记参看。它是整理笔记的重要前提。

2. 补 ✏️

课堂上所做的笔记，因为要跟着老师的讲课进行，一般地，讲课速度要较记录速度快，于是记笔记时就会出现缺漏、跳跃、省略、简化甚至用符号代文字等情况。因此，我们应在回忆的基础上，及时做修补，使笔记更完整。

3. 改 ✏️

仔细审阅笔记，对错字、错句及其他不够确切的地方进行修改。其中，特别要注意与解答课后练习和学习目的有关内容的修改，使笔记更准确。

4. 编 ✏️

用统一的序号，对笔记内容进行提纲式的、逻辑性的排列，注明号码，梳理好整理笔记的先后顺序，使笔记具有条理性。

5. 分 ✏️

以文字（最好用红笔）或符号、代号等划分笔记内容的类别。例如，哪些是字词类，哪些是作家与作品类，哪些课文是分析类，哪些是问题质疑、探讨类，哪些是课后练习题解答，等等。为分类摘抄做好准备，使笔记具有"系统性"。

6. 舍 ✏️

删除无关紧要的笔记内容，使笔记具有"简明性"。

实践证明，所有成绩拔尖的同学都有一本优秀、实用的笔记本。他们的笔记不一定记得整洁、漂亮，但一定是详略得当、重点突出，能帮助他们顺利解决学习中的问题。

042
快速阅读法记忆参考书

不论是初中阶段还是高中阶段，学习的根本都是立足课本。我总是对我的学生强调，课本一定要认真读、反复读，这样才能将知识记得更牢固。但对于一些辅导书、参考书，则没必要那么精细地去读去记了。即使这本书确实对你有帮助，也不能采取读课本的精细读书法，应该采用快速记忆法，只记住其中对你有用的知识。

状元经验谈I 我们的好方法

> 👤 **刘丁宁**　　　　　　　辽宁省高考文科状元
>
> 我认为有一本好的参考书对高中生来说非常重要。高中的学习内容庞杂、时间紧张，因此参考书一定要做到少而精。那么，我们怎样选择好的参考书呢？首先要看这本书的出版社或者作者是否有名、权威；其次要看内容，选择书中1～5个小章节看一下，因为一般整本书的质量都差不多。当然，除了自己去书店挑选之外，你还可以询问自己的学长或者老师，听听他们的建议。

👤 **黄崇俊** 　　　　　　　广西壮族自治区高考理科状元

　　关于阅读参考书，我的经验是适当即可。因为我一向的观点就是基础是最重要的，怪题难题，我是不大做的，因为没有基础的话做这些题就像是建空中楼阁。在仔细分析了几年来的高考题之后，我发觉其中根本就没有什么偏题、怪题。当然，参考书也是必不可少的，大家在挑选和阅读参考书时快速阅读一遍即可，不用怎么细读。其主要作用还是帮助我们去理解课本上的知识，所以大家千万不要本末倒置了。

👤 **钱鹏宇** 　　　　　　　　广东省高考理科状元

　　参考书，又叫教辅书，即教学辅助读物，是学习不可缺少的助手。我认为在复习功课的时候看点儿参考书，对增加我们所学知识的广度和深度有一定的好处。目前市场上的参考书相当多，有的同学认为这些参考书没几本好的，不屑一顾；有的同学则认为参考书比教科书"高明""好用"。这两种观点都比较片面。实事求是地说，参考书中确有精品，也确有糟粕，关键是看你有无能力将那些真正下了功夫编写的、适合自己的参考书，从书山中找出来。在选择参考书时，一定要记住：适合自己的才有用。

　　正如钱鹏宇同学所说，现在书店里的参考书让人眼花缭乱，如果对这些信息全部接收，你肯定没有时间也没有那么多精力去记忆。因此，当你拿到一本参考书时，不要一页一页地去翻，要先看书名和副标题、编者的话和关于作者的说明；然后，浏览目录，阅读内容提要、前言或后记；最后，以跳读的方式大体翻阅全书，并注意出现在章节始末的小标题。其实这种方法就叫作快速阅读法，它是一种从文字中迅速吸收有用信息，提高记忆效果的读书方法。具体来说，它有以下三种表现方式。

1. 跳跃式阅读 ✐

这种方法是指，读书时不要逐句逐段，而是跳跃式的，读开头、读领头句、读结尾。

2. 扫描式阅读 ✐

扫描式阅读即阅读时视线要垂直移动，"瞄准"重要字词即可，如同人们平时所说的"一目十行"。通过快速阅读的练习，我们就能很快抓住关键词语，理解文中所讲内容的大意。比如阅读"那么，有没有一种快速阅读的方法呢？"时，只要抓住"有没有""快速阅读"这两个关键词语，就能理解这个句子的基本意思了。

3. 组合式阅读 ✐

它要求我们阅读时一组组地看，即群读。要想做到群读，需要经过不断的训练。你可以找一篇比较通俗易懂的短文来进行"群读"，训练自己一次"扫视"3~5个字。经常这样进行训练，我们的阅读速度就能大大提高。

掌握这种快速阅读的记忆方法，不仅对你挑选高质量的参考书有益，对培养你的阅读理解能力也会有很大的帮助。

043
用错题集来**加强记忆**

　　你可能有过这样的经历：同一个知识点的错误常常会一犯再犯。而建立错题集，恰恰就是解决这个问题最有效的方法。错题集的建立不仅能够帮助你思考题目做错的原因和正确的解题思路，还能够拓宽你的解题思路，最重要的是它能使你在思考的过程中加强对知识点的记忆，避免再次犯错。

状元经验谈| 我们的好方法

 吴戴维　　　　　　　　湖北省高考文科状元

　　一旦发现错误，首先要做的就是分析出错的原因。要尽量减少因为马虎而造成的错误，马虎是一种很不好的习惯，大家必须克服。一般做错题都是有一定原因的，比如说由于某个知识点没有掌握牢，或者说某个解题方法还不会灵活地运用。其次要做的就是根据出错的原因，找出配套练习题，进行滚动式的反复练习，多做几道与它相关的题，直到完全掌握了这类习题，包括它一般的出题方式和答题的方法。

张泽　　　　　　　　安徽省高考理科状元

　　错题集是许多成绩好的学生必备的，我也不例外。而我在这里要强调的是，如何充分利用自己的错题集。错题大约可以分两种：一种是自己根本不会做；另一种是自己会做，因为粗心而做错。我觉得，最有价值的错题是第二类。因为粗心也分许多种，我们也要分析它。第一，看错题目。是看错数字还是理解错题意？为什么会看错题？如何误解了题意？以后会不会犯同样的错？第二，切入点、思路出错，这样的思维解法根本不适合这类题目。第三，计算错误。为什么会算错？有没有方法杜绝？怎样才能真正做到细心？其实在高考中，有多少题目是你不会做的呢？如果你能杜绝自己粗心造成的错误，那么在高考中一定会取得非常好的成绩。

程思佳　　　　　　　吉林省高考理科状元

　　我没有特殊的学习方法，主要就是在课堂上认真听讲，跟着老师的思路吃透所学知识，自己多反思、多总结。对做错的知识点、题目决不轻易放过，整理后牢牢记着，引以为鉴。要说"法宝"，可能要数我的纠错本。我会将做错的题目和需要重视的知识点记录在纠错本上，然后经常翻阅、经常梳理。

张晨光　　　　　　　安徽省高考理科状元

　　我认为，在学习的具体细节上，要认真找出自身知识的短缺处，并采取有效的方法及时改进。易错题集锦是扬长避短的一个好方法。具体做法就是，平时注意归类整理，把一些自己学习、考试中的易错题集中到一起，仔细分析原因，记录题目的正、误两种做法，特别注意将错误原因相同、相似的错题认真分析下。每总结一次，就能更提高一步。勇于创新可以说是我学习的主要特点。解题时不能拘泥于老师讲的老方法，有时要勇于突破常规思维，转换视角。

那么错题集里应该记些什么？应该怎么记呢？

首先，我要为同学们介绍一下错题集常记的八个内容。

1. 记经常用到的公式 ✎

如和差化积、积化和差、诱导公式、万能公式等。

2. 记常见方程式 ✎

对于生物可以记下光合作用、呼吸作用和ATP与ADP转化方程式等。对于化学方程式，比如像Cu与S反应（$2Cu+S=Cu_2S$）这种比较少见的反应方程式应多做些记录。

3. 记灵感 ✎

记录下在你做题的时候的灵感，虽不能为你提供很大的帮助，但却可以极大提升你的学习兴趣。

4. 记小知识点、小结论 ✎

理综方面有些知识点比较繁杂，可以在纠错笔记上记下易忽略和需要记住的知识点。

5. 记注意事项 ✎

以物理为例，物理倾斜轨道中摩擦力容易被忽略，这样我们便可以在本子上记下"一定不能忽略摩擦力"；对于抛物线，我们可记下"注意将抛物线化为标准形式"等。

6. 记英语出现的高频词汇 ✎

在阅读时，我们要把不会的单词和不明白的句子及时地摘录下来，记住并好好地分析单词的意思和句子结构。

7. 记典型题

在错题本上记下那些典型的题目，并做简单的分析，有助于提高自己举一反三的能力。

8. 记优美的句子和文段

在学习语文和英语这两门课时，记优美的句子和文段，写作文时就有"亮点"可用了。

其次，将错题按照表格的形式进行归类、总结，不但看上去一目了然，而且便于考前复习。

题型	失分分值	失分考点	失分原因
选择题			
填空题			
课内阅读题			
课外阅读题			
文言文题			
主观表达题			
作文			
其他			

运用这样的错题整理法，能总结出出题规律和答题方法，这对于任何科目来说都很有帮助。

044
把工具书当成记忆提纲

同学们常用的工具书包括：中文词典、英汉词典、汉英词典、地图册、百科全书、题典、知识手册、统计资料、光盘等。如果利用得好，这些工具书都能成为知识记忆的好帮手、好老师。把工具书当成自习提纲来用，就是一种很有创意的学习方法。

状元经验谈| 我们的好方法

> 8 **郑林壮**
>
> 海南省高考文科状元
>
> 我学语文除了做一点儿题来熟悉题型外，几乎没怎么做题。我想，学外语几乎人人都背过英语单词词典，学中文为何不试着背背词典呢？于是，我就利用每天晚上的自习时间把《新华字典》和《常用成语词典》背诵了下来。背诵过之后，许多以前不知道的知识学会了，许多以前忽略的词语被重新发现了，许多以前一直弄错的意思弄明白了，基本功扎实了，写文章也有文采了。而这或许是做多少题也做不出来的。

曾楚元　　　　　福建省高考理科状元

　　自从高中分科之后，理化生这些科目和三门主科变得一样重要，难度要高很多，要记忆的东西一大堆。这时妈妈找了一篇讲记忆规律的文章给我看。对照这篇文章，我发现如果复习的次数不够，肯定会导致知识的遗忘。于是，我决定加大记忆的密度。不过，我很快发现用课本来复习有点儿不现实，因为课本的目录太过简略，一课一课翻看课文又太费时间。后来，我看到有的同学买了一些"同步知识手册"类的工具书，就也买了一本，每天拿出一个小时的时间系统地学习理、化等功课，边学边将学过的内容大体依"手册"所总结的体系过一遍。我发现用"手册"来帮助自己复习，效果很不错。

徐婷婷　　　　　湖南省高考文科状元

　　我喜欢在学习中借助外力——工具书。比如，在语文综合性学习活动中，要研究一个问题，我们想广泛地查阅资料，了解这一问题的相关知识，这时，就要用到工具书了。工具书把材料分门别类地整理出来，我们使用时可以信手拈来，一目了然；另外，我们还可以利用工具书来解决疑难问题。我们自习时遇到难字、难词、不明白的成语典故，就要查字典、词典；读书时看到古代人名，需要了解他们的生平事迹和时代背景，就要查人名大词典；遇到古代地名，需要知道它在地图的什么位置，相当于今天的哪个省哪个县，就要查地名大词典。查阅工具书费力不多，却解答了我们的疑难困惑，还能丰富我们的知识。工具书是我们日常学习必备的参考书。

　　曾楚元同学用工具书作为自习提纲的方法实用、方便而且有创意，但是同学们在使用这一方法的时候需要注意以下几点。

1. 尽量将"手册"与课本联系起来 ✎

　　"手册"只是"助学"，课本才是基础。实际上，我们不过是以"手册"归纳得较好的体系为线索，来复习课本上的内容罢了。所以，不妨将课本上的一些内容补充到"手册"上去，不要全盘抄过去，标明几个字和页码就可以了。

2. 尽量将"手册"与试卷联系起来 ✎

　　试卷中的一些题目，也是要记的知识点。所以，不妨将试卷中的精华，纳入你的"手册"系统中去。

3. 尽量将"手册"与别的教辅书联系起来 ✎

　　"手册"与"手册"之间可以联系起来。我们觉得这一做法还可放宽一些，只要有好的材料，就可以补充进去。

　　工具书有不少的优点，当然也有其先天的不足。这主要因为有些工具书的内容有些滞后，没有体现新的考点和内容变化。由于工具书编撰的周期长，修订一次不易，所以同学们在使用时，最好寻找最新的版本，并注意向书店工作人员询问有无增订本、修订本。

045
变换习题法强化记忆

大多数同学在上自习时，都是做练习题，搞题海战术。对于某些重点知识，做题时要注意习题的内容、形式及解题方法的多样性，可利用习题的变式从多个方面进行训练，以强化对重点知识的理解，获得有关的解题技能。

状元经验谈 | 我们的好方法

倪慧	安徽省高考文科状元

以数学科目来说，我之前有些基础没有打好。我一直怕数学考不好，所以下了很多功夫，跟数学老师交流了很多次，他也给了我很多帮助和鼓励，最终我考了满分。此外，我认为学习理科科目的共通之处在于培养思维，寻求一题多解。一道题目可以用许多方法来解答，平时做题不应只着眼于做出这道题，而要尝试用多种解法来解答。尝试从多个角度去解题，可以拓宽我们的思路，在遇到其他类型的题目时更会有意外收获。

王亚玉　　　　　　河北省高考理科状元

　　说到做题，一定要讲求方法。我有自己的诀窍：做题不要求多，只要把题做精、做透就行了。也就是说，方法对，做1道题顶得上别人做3道题；方法不对，做了3道题才顶得上别人做1道题。

肖钰　　　　　　湖北省高考文科状元

　　以前我的数学成绩不是很好，我在总结考得不好的原因时发现，基础题错得比较多。所以我想应该重视基础题的解题法，于是总结出了普通解题法。关注普通解题法，对于文科学生来说尤为重要。老师在上课时比较注重基础，他首先讲的可能就是普通解题法，那么这个时候我们就必须把老师讲的例题记下来，然后分析他的解题思路。课后最好再选一些类似的题目做一做，以便熟能生巧。举个例子来说吧，解析几何，由于是数形结合的一类题目，文科生一般都会觉得比较难，解答这类题目的方法就是把两个函数解析式联系起来，虽然有时候可能计算会比较麻烦，但是一般都能做得出来。

刘长佳　　　　　　河北省高考文科状元

　　高三的学习就是讲求效率。我们不要用很长的时间去解一道很难做的数学大题，这样很浪费时间。高三的时间很宝贵，不要钻牛角尖，比如规定自己用20分钟去学习一部分内容，如果学不会就先放开，不要抓着一个地方不放。若是将时间都浪费在一道题上，确实会得不偿失。"第一次就做对"这种好的做题习惯，在考试的时候能够发挥巨大作用。

　　针对如何进行综合练习和提高解题能力，我为大家推荐以下几种方法。

1. 多题一解 ✏

　　这种方法是指，通过一个题目归纳出这类型题的解题规律，然后应用这一规律去解答这类型的其他题目。

2. 一题多解 ✏

　　一题多解是对同一个题通过多种途径找出多种解法。

3. 一题多用 ✏

　　一题多用就是把求得的结果作为已知条件，把某个已知条件改为所求的问题，再分析解答。

4. 一题多变 ✏

　　把题目中的某个术语或重要语句换成其他的术语或语句，然后进行解答，即一题多变。

5. 一题多练 ✏

　　一题多练是对一些较难的题目从多方面进行练习，如从画线段图、文字分析、列式解答、验算等方面弄清题目。

　　总之，通过以上几种方法对题目进行综合性的练习，同学们可以检验对已学知识的理解与掌握程度，这比盲目做题效果要好得多。

046
深化记忆的**练习题总结法**

　　自习时大家都会做一些练习题来巩固自己的知识，深化记忆。但是，做完题目之后，是不是就结束了呢？其实，做题的主要意义并不在于对错，而在于总结和反思。做完题后及时总结，再想想这些知识点还有哪些考法，这些方法还能解决哪一类的题目。这样就能取得"做一题，会十题；会一题，解百题"的效果。

状元经验谈| 我们的好方法

👤 李沛伦	四川省高考理科状元

　　在上课时，有的同学喜欢把老师解题的过程一字不漏地抄下来，这往往造成了只顾抄写而忽略了分析，只接受结果而忽略了思考方法的问题，老师讲的例题自然就起不到应有的作用。我的习惯是抄完题后，先听老师的讲解思路，听老师是怎样认识题、分析题，又是怎样把题目与所学过的知识联系起来的。听完了这些，把握了总体的脉络，再记下答案，课后复习时依照所记的分析，自己把题做出来，再进行归纳总结，效果挺好的。

龙婷　　　　　　　　　　　贵州省高考理科状元

　　怎样去精选试题，我可以提供两条思路：第一，看往年的高考题。我认为高考题的思路是最正的，它不会把你的思路引偏，每年考查的方向也基本差不多，都是基础知识，不会出那种太偏太难的题让你去做。高考题给你指明的是方向，告诉你应该往哪个方向努力，哪些知识点应该掌握，这些都是其他练习册无法告诉你的。第二，从模拟试题里挑题。高三下半年，老师会发全国各地的模拟卷，你不可能把它们全部做完，这个时候只能从卷子里挑题做。有的题在脑海里想一想就可以了，不用写在卷子上，如古诗鉴赏、现代文阅读等，最后再和答案进行对比。

傅必振　　　　　　　　　　江西省高考理科状元

　　作为一个理科学生，高二时我曾以为高三是题海的同义词。上了高三，我才明白原来理科讲究的是效率和方法，而不是做题量。题不在多，有代表性则灵。想必大家都知道数理化"题典"，就是把几乎所有的题都收录其中的教辅书。我从来不买这样的教辅书，而是精选那些有代表性的书做。尤其像数学和物理这样的学科，往往只需要把大题分解成小过程，再连接起来就行了，所以，掌握这些小过程十分重要。平时练习一味地做大题、做难题往往会使自己不知所措，而细节却没有掌握好。什么是好题呢？融合了多个小的基础的过程，需要花一些时间去分解的题目就是好题。做这样的题目对自己才有帮助，它们不仅考查了我们对基础知识掌握的熟练程度，而且提高了我们分析问题的能力。所以，理科生做题不是越多越好，而是越精越好。

　　那么，做完题目后，具体应该怎么总结呢？同学们可以按照以下方法。

　　每次做完题目后，都要在脑子里想一想：

（1）这道题是怎样做出来的？总结解题时采用的方法。

（2）为什么要这样做？总结解题时依据的原理。

（3）为什么想到这种方法？总结解题时的思路。

（4）有无其他方法？哪种方法更好？思考其他解题途径，培养求异思维能力。

（5）有无其他答案？有几种答案？培养思维的开放性。

（6）能否变通一下而变成另一习题？一题多变，促使我们进行发散思维。

我们通过做题后的总结反思，能够将知识引申、扩展、深化，举一反三，以后再遇到类似的题目就能轻松搞定了。只有这样，做练习题的目的才算是达到了。

047
高效的**演算纸记忆法**

晚自习的时候，很多同学都想要利用这段时间来背诵政史地。但是，晚自习时只能默背，很多同学背着背着就打瞌睡或者走神了，结果一节课下来，发现什么都没有记住，效率低下。这该怎么办呢？

状元经验谈| 我们的好方法

> 🧑 **刘德斐**
>
> 广东省高考文科状元
>
> 我的学习方法是，在记忆历史、政治、地理时，身边总是搁一摞白纸。记忆政治、历史的时候遇到难点或较繁杂的重点内容，随时在纸上以列表或提纲的形式理一下思路。记忆地理的时候，则是将一些原理图和地形图画下来。把这些单张的纸保存下来，隔段时间就翻一翻，几次下来可以增强对薄弱环节的学习。

许琪
江苏省高考文科状元

我喜欢将知识写在演算纸上，可以一边背诵一边对着演算纸进行检验。以地理来说吧，高三的时候我就利用自习时间，在演算纸上画了十几张图，从季风环流、全球植物带分布、气候类型分布、经纬网到中国的行政区划、农作物产区、矿区、铁路分布等，几乎把地图册上重要的图都画了一遍。这是一个比较大的工程，花费了我一个月的时间。不过在将演算纸进行整理之后，我发现我的地理知识基本上记得差不多了，效率很高，随便翻一翻演算纸，知识就在头脑中显现了。

班布尔
内蒙古自治区高考文科状元

大家都知道，学理科要有"演算纸"，但是我学政史地也用"演算纸"。每次晚自习，我都会选出一节课专门记忆文综知识。以前我都是照着书本或者笔记本看，结果看着看着就睡着了。有一次，我在复习数学的时候用演算纸解答例题时想到：为什么不利用演算纸来背诵文综呢？后来，我就采用边记忆边在纸上默写的方法记忆政史地，这样既不会打瞌睡也不会走神，而且手脑并用效率更高。

其实，"演算"的过程也是熟悉一些较难写，或不太常用的字、词的过程。几乎每年高考都有学生提笔忘字，例如有一年一个学生怎么也想不起来孟良崮的"崮"字怎么写。由此可见，政史地演算纸记忆法，是一个很有创意、很见实效的学习方法，具体表现在如下几点。

1. 演算的过程就是重温重点的过程 ✐

这种方式的复习，一般来讲比在脑子里默想更见效，因为"最淡的墨水也胜过最强的记忆"。

2. 演算的过程又往往是化繁为简的过程

因为写时不可能逐字逐句地写，只会写要点，久而久之，就知道该写什么、不该写什么了。

3. 演算的过程也是一个静下心来的过程

大家或许都会有这样的经验，光用脑子想，很容易走神。而我们用笔逐条写时，注意力相对容易集中。由此可见，文科的学习不仅仅是记记背背那么简单。

演算纸记忆法有这么多益处，那么，我们具体应该怎么做呢？

（1）在复习历史、政治等文科课程时，也如同学习数学、物理等理科课程时一样，在手边准备一摞演算纸。

（2）遇到重点、难点、考点时，就在演算纸上以提纲等形式将要点写下来。

（3）参照教材等，给自己写下的内容打一个分，看有没有遗漏或错误，如果有，则将完整的内容或正确的答案写在边上。

（4）将这些演算纸保存起来，并加以整理，考试前或自己认为需要时拿出来翻一翻。

048

记忆地图是学习地理的**不二法门**

　　地理学科是高中最易"跛脚"的学科之一，不少学生为补习地理而在自习室里埋头苦读，但是效果却微乎其微，关键是方法不对。俗话说，没有地图就没有地理学。地图，是地理的重头戏，有时甚至比书本还要重要。因此，想要学好地理，自习地理时应当主攻地图。

状元经验谈I 我们的好方法

👤 **龙麒伊**　　　　　　　浙江省高考文科状元

　　关于学习地理的心得，我只有两点想要说明：兴趣+地图。第一点，想学好任何一门科目，都必须要先喜欢。所以，想要学好地理的同学先学着去对地理产生兴趣吧！第二点，也就是最重要的一点，学地理必备的能力：背地图！首先是各大地形区，包括：高原平原、山地丘陵、河流湖泊海洋。其次是各地的气候。可能有人觉得气候很难背，但是所有气候都有形成原因，最典型的就是地中海气候，根据当地的自然条件就能推出它所处的气候类型，这是一般规律，特殊的就可以单记了。

王星焘　　　　　　　海南省高考文科状元

　　有人说在文科里是"得文综者得天下，得地理者得文综"。但很多同学都反映地理很难，似乎怎么也学不好。对地理这门科目，我也曾感到头疼。记得有一次，我的总成绩比年级第一低了5分，可地理却比人家少了29分！后来，我采取了一些补救措施，地理成绩逐渐变得优秀。我首先分析了一下自己地理分数低的原因，发现最主要的一点就是不爱看地图。于是，我下定决心要把世界地图、中国地图和区域地图摸熟摸透，争取能够背下来。我买来一本有图文对照详解的参考书，把这本书翻来覆去地记忆，还做了很多补充笔记。后来世界地理和中国地理每个分区的地形地势、气候、植被、土壤、动物、重要国家和城市、河流等我都记得很清楚。

杨帆　　　　　　　福建省高考文科状元

　　大家都知道，学地理时，首先要掌握的就是事物的地理位置。因为只有掌握了事物的地理位置，事物的许多地理属性、特征、特点，以及与其他地理事物间的内在联系等才能一下子揭示出来。为此，我们就要利用好地图，这有三个方法。第一，我们要利用好教师在课堂上展示的挂图。教师指图讲课时，一定要注意看图，不要自己看书，或是做别的事情。第二，就是要把《中国地图册》《世界地图册》和教科书中的插图，作为自己学习上的辅助工具。如《地球五带》一图，作者更是用心巧妙，用冷暖颜色显示地带温差，配合以动植物画面，十分便于学生理解和记忆地带的特点。第三，不要忽视地理作业中填充图的作用，一定要按教师的要求和布置认真做好填充图作业。

　　"得文综者得天下，得地理者得文综"，确实如此，地图是地理的重头戏，有时甚至比书本还重要。因此，学地理一定要提高运用地图的能力。那么，怎样学会用地图呢？

1. 读图 ✎

一般的地图都会涉及比例尺、方向、图例标注等要素，读图时必须先看一下这些要素。接下来要根据地图的图表特点，判断这是哪一类地图，是分布图、原理图、统计图、景观图还是其他图。根据具体图类，运用具体方法读图。

2. 记图 ✎

可以通过地理事物的位置或者形象特征来认识事物的分布。要将各大洲和各大国家，我国各省、高原、盆地等重要的地形和位置分布等都弄清楚。

3. 画图 ✎

动手绘制示意图，加深记忆。比如西亚石油输出的路线，同学们可以在一张草纸上绘制出简单的、相对位置正确的示意图；还可以把轮廓复印下来，再分别把河流、山脉、岛屿分类画在图上。这样一来，不管考卷上出现什么图，我们都能快速做出反应，写出正确答案。这类图不要求绘制得多么精准，只要能说明问题就行。

4. 注图 ✎

一边听课一边把学习中出现的地理事物在地图上圈点下来。如学到地中海沿岸冬季多雨时，那么，地中海在什么地方？我们一定要在地图上找到并且标记下来。

5. 析图 ✎

在读图时要加以分析判断，层层剖析，找出规律。比如，我们在学习《森林资源》一课中的"护坡林带保持水土示意图"时，可做这样的分析：

第一步，获取原理图中所显示的各种信息；

第二步，分析我们所获取信息之间的相互关系。

当然，提高地图运用能力的方法有很多，同学们在学习过程中要善于发现和总结。

049
不要长时间学习一门课程

不知道大家有没有发现，学校的课程安排上，各门学科都是交替进行的。没有哪个学校是先集中上完一门功课再去上另一门功课。即使是一周之内，英语、政治、数学、语文等科目也都是按一定的时间每天分配好的。大家在自习时也可以采取这种安排方法，即不要长时间学习一门课程，并且要在学习的过程中安排一定的休息时间。实践证明，这样记忆效果更好。

状元经验谈I 我们的好方法

> 👤 **张腾飞**
>
> 河北省高考理科状元
>
> 有一个著名的公式："8-1＞8"，意思是从8小时中拿出1个小时进行运动、娱乐或休息，表面上只学习了7个小时，但由于精力充沛，其学习效率远远大于不间歇地学习8小时。我们在进行大段时间的学习时，要注意将时间划分成一些有间隔的段落，交叉进行。比如将1个小时划分成50分钟学习、10分钟休息，或者30分钟学英语、10分钟休息、20分钟做数学题等，这样自习效率更高。

丁雅琦
安徽省高考理科状元

许多同学在自习时都会出现心理疲劳现象，学习提不起劲头，容易打瞌睡，我也是。但是心理疲劳不像生理疲劳那样可以通过补充能量和休息恢复正常，想要消除它还是要靠好的自习方法。除了在自习前明确学习任务和目标外，也需要注意合理安排自习科目的顺序。因为书本学习本身就是枯燥单调的，如果多次重复学习某门课程或章节内容，就很容易使大脑皮层处于抑制状态，出现心理饱和现象，产生厌倦情绪。所以，大家在自习的时候，不妨将各门课程交替着进行学习，相信效果会好很多。

马强
黑龙江省高考理科状元

高中时期的学习压力大，我们自己在学习时很容易出现疲劳期。为了缩短这种疲劳期，我采取的方法是将各门课程交错着学习。任何一门课程我一般不会连续学习超过两个小时。所谓"心之官则思"，思维要靠大脑，学习是个艰苦劳动的过程。要使大脑神经细胞正常工作，必须保证脑细胞的新陈代谢。所以，安排自习的时间应当像学校的课时安排一样，学习一段时间后休息一会儿；比较长时间的学习后，应当去锻炼或娱乐一会儿，然后再回来学习。只有这样，我们学习的效率才会越来越高。

有位一线教育专家曾提出过两种最无效的学习方式：一是连续学习一门功课3小时以上；二是脑子里想着数学，眼睛却看着英语。想一想你在自习的时候是不是也是这样，由于不会灵活地安排自习科目，导致学习效率低下呢？那就试试交叉学习的方法吧！

1. 把薄弱的科目放在学习的开头和结尾去记

心理学的研究结果告诉我们，开头和结尾记忆的东西最不容易忘记。

2. 打乱顺序去记忆 ✎

如果你要记忆若干名词或者背诵大篇幅的材料，可以将它们分成几个部分，编上序号；然后，打乱这些序号的顺序背诵，每记一次就换一个开头和结尾，平均精力来背诵。

3. 相似科目要避免 ✎

这一点的意思是说，要合理地组织科目的安排，尽量使前后相邻的学习内容截然不同。例如，刚学完语文，不要去学历史，这样可以减少相似科目之间的抑制作用。

4. 合理安排学习时间 ✎

不仅学习过程中的一头一尾很重要，一天的头尾也很重要，它们是记忆和学习的"黄金时间"，尽量不要错过。另外，在学习的过程中要安排中间休息的时间，最好是10～15分钟，这样一来，我们的大脑就不会因为长期学习而疲劳不堪。

交叉学习的方法确实能够大大提高记忆效率，但也并不是对所有人适用。所以，具体怎么做，同学们还要结合自己的实际情况来运用。

050
周末自习的"**五个一**"记忆法

对于同学们而言，周六周日是十分难得的休息时间。多位一线教师指出，同学们在学习一周后，应当在周末进行适当的自主学习，将学过的知识再回忆一遍，这样才能在学习上取得有效的进步。对于周末自习，大家都有什么经验和心得呢？

状元经验谈 | 我们的好方法

 张士欣　　　　　　　　　　河北省高考理科状元

　　我的自习经验是：学习一周后，做一个自我的阶段性总结。因为，一周是学习的一个小阶段，即使将老师传授的知识记在笔记本上，如果不及时归纳整理，那些知识点也不能为我所用。因此，我周末坚持做到温习教材、检查笔记、修改作业、收集学习材料。做完这四项，最后我还会总结一下各个学科的学习方法。这样的自习过程让我的周末过得十分充实。

👤 **毛雨帆** 　　　　　陕西省高考理科状元

　　说到学习的方法，我觉得就是自习。自习的目的是通过自我消化把课堂上的知识转变成自己的知识，从而能够熟练掌握和运用它们。周末的时间是最适合自主学习的。每个周末我都会提前给自己制订自习的计划和目标，通常要完成的任务是复习、背诵、做练习题和总结。就这样，我总是能在下个星期的课程开始之前，把旧知识消化、巩固完毕。日积月累，我的学习能力不断提高，成绩也稳中有升。

👤 **黎玥** 　　　　　贵州省高考文科状元

　　在学习上，我是一个不断"回头看"的学生。在我看来，知识是很容易被遗忘的。如果我们在学完之后不回过头来看一看所学的知识点，那么就无异于猴子掰玉米了。所以，在一周的功课结束后，为了避免遗忘，并为下周的学习做好充足的知识衔接，我会及时地总结一下学过的知识点，用一个专门的本子，列出每一节或者每一章的知识框架，并找出里面重点的知识和自己认为比较难的知识点，以备日后快速有效地复习。同时，我还准备了一个习题集，记录下那些自己做错的且比较重要的试题，每次考试前都抽时间翻看一下。通过这样的自习，我在学习上的问题越来越少了，学习效率也越来越高了。

　　归纳、整理、复习、总结，你的学习总是离不开这四个环节，自习时更是。在课堂上，是老师带着你去学习，自习时你只能自己学习，方法显得更为重要。那么，周末想要记忆好所学知识，怎样做才更有效率呢？

1. 温习一遍教材 ✏️

　　按照一定的顺序，将一周所学的主要科目的内容温习一遍，结合课本上的思考练习题，分析一下教材讲了什么，应重点掌握哪些内容，哪些自己已经理解了，哪些尚须进一步掌握。

2. 整理一次笔记

对照课堂笔记，看看老师在一周中重点讲了什么内容，与自己的理解有何差异，哪些地方记住了，哪些地方遗忘或忽视了。这样，我们可以进一步把握重点，理解难点，加深记忆。

3. 梳理一遍作业

把一周的作业看一遍，查一查哪些练习题是基础训练题，哪些是能力训练题；哪些练习题与教材的重点、难点有关；哪些做对了，哪些做错了，是什么原因导致的错误。

4. 记录一些材料

通过前面的环节，已明确了重点、难点，做错的题目和原因，尚须巩固的知识，等等。这时，就要用一个专门的本子把它们记录下来，为以后的阶段复习、期中或期末复习做好准备。

5. 总结一下方法

认真总结自己一周以来各科的学习方法，对好的方法，下周继续坚持；对不好的地方，想办法改进或者换成别的方法。

记住，利用好周末的自习时间，一周复习总结一次，比你拖到最后再总结复习要有效得多。